HEYNE <

49

140

150/1

160/1/2/3/4

175

180

219 Internet

239

241 xxx

242

248 Tanz

66 D. v. S,

94

96

100

103/4/6

115

Das Buch

Jeden Morgen mit einem fröhlichen Lächeln aufwachen und mit voller Überzeugung sagen können: »Das Leben ist schön und ich bin dabei!« – das muss keine Utopie sein! Alles, was uns unglücklich macht, fällt von uns ab, wenn wir erkennen, dass wir wirklich die Wahl haben: Leichtigkeit statt Schwere und Anstrengung, Selbstverwirklichung statt Anpassung und Aufopferung.

»Jeder Mensch kann sich ganz bewusst für ein glückliches Leben entscheiden«, sagt der Diplompsychologe Robert Betz. Und er zeigt, wie jeder sein Leben in die eigenen Hände nehmen und ihm eine völlig neue Richtung geben kann – jetzt! Wer jetzt beginnt, sich endlich mit seiner Vergangenheit auszusöhnen und sich selbst wieder zu lieben, schafft die Basis für die große Wende. Dieser Weg des Herzens gilt (noch) nicht als normal, aber immer mehr Menschen begreifen: Glück und ein erfülltes Leben sind nur über das Herz und die Liebe möglich.

Der Autor

Der Diplom-Psychologe Robert Betz zählt zu den erfolgreichsten Lebenslehrern und Seminarleitern im deutschsprachigen Raum. Auf seinen Veranstaltungen begeistert er jährlich über 30 000 Menschen. Seine Bücher *Raus aus den alten Schuhen!*, *Wahre Liebe lässt frei!* und *So wird der Mann ein Mann!* gehören zu den Bestsellern der Lebenshilfe-Literatur.

ROBERT BETZ

Willst du
NORMAL sein
oder
GLÜCKLICH?

Aufbruch in ein
neues Leben und Lieben

WILHELM HEYNE VERLAG
MÜNCHEN

Verlagsgruppe Random House FSC-DEU-0100
Das für dieses Buch verwendete
FSC®-zertifizierte Papier *Holmen Book Cream*
liefert Holmen Paper, Hallstavik, Schweden.

18. Auflage

Originalausgabe 05/2011
Copyright © 2011 by Wilhelm Heyne Verlag, München,
in der Verlagsgruppe Random House GmbH
Printed in Germany 2013
Redaktion: Cornelia Meier-Scupin
Umschlaggestaltung: Guter Punkt, München
Autorenfoto: © Brigitte Sporrer, München
Herstellung: Helga Schörnig
Gesetzt aus der 11/14 Punkt Sabon
bei C. Schaber Datentechnik, Wels
Druck und Bindung: GGP Media GmbH, Pößneck

ISBN 978-3-453-70169-4

http://www.heyne.de

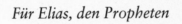

Für Elias, den Propheten

Inhalt

Vorwort 11

Einführung 13

TEIL I
**Wie der Normalmensch sich
unglücklich macht** 17

Der normale Mensch schläft
und glaubt zu leben 19
Wie ein Hund in seinem Zwinger 23
Die Vertreibung aus dem Paradies
der Unschuld 27
Hör auf, das Opfer zu spielen! 31
Was stimmt nicht (mehr) in deinem Leben? 36
Der Abschied vom Kampf des Lebens 43
Die Angst – das Lebenselixier
des Normalmenschen 50
Ohne deine Vergangenheit
bist du sofort frei 56
Das tut man nicht! 62
Du solltest dich schämen! 69
Der Reklamierer und der Trotzkopf 73

Der ganz normale Mann 77
Die ganz normale Frau 83

Teil II
Transformiere dein Leben! 89

Bring endlich Ordnung in dein Leben! 91
Du bist die wichtigste Person
in deinem Leben 97
Gesundheit ist keine Glückssache
und Krankheit kein Schicksal 105
Liebe deine Gefühle – sie sind deine Kinder 112
Die größten Türen in deine Freiheit 120
Nutze deine »Arsch-Engel«
für den Frieden in dir 126
Vergib dir selbst und
werde zum Friedensbringer 133
Warum machst du das, was du tust? 138
Lebe männlich und weiblich und
finde dein Maß 145
Kümmere dich um deine eigenen
Angelegenheiten 152
Mütter, Väter, lasst eure Kinder endlich los! 158

Teil III
**Auf geht's, in ein neues
Leben und Lieben** 165

»Das ist doch alles nicht mehr normal!« 167
Du bist jetzt hier, um glücklich zu sein 172
Liebe dich selbst und du bist frei! 177
Anleitung für den Weg in ein neues,
glückliches Leben 183
Vom Unsinn der »Wünscheritis«
und des Zielesetzens 214
Befreie dich vom Stress deiner Tage 218
Der Weg zum neuen Mann 224
Der Weg zur neuen Frau 231
Lebe dein Leben als Original
anstatt als Kopie 239

Nachwort 245

Über mich 249
Herzlichen Dank 252
Bücher von Robert Betz 255
Hörbücher von Robert Betz 257
Vorträge von Robert Betz auf CD 258
Meditationen von Robert Betz auf CD 265
Veranstaltungen mit Robert Betz 270

Vorwort

Dieses Buch schreibe ich für all die Menschen, die eine Sehnsucht in sich verspüren nach einer anderen Qualität von Leben hier in ihrem Körper, nach einem Leben in Freude, Frieden, Freiheit und Fülle, kurzum, nach einem glücklichen Leben. Manche halten diesen Anspruch für zu hoch gegriffen. Das ist verständlich, wenn man sieht, wie viel Leid eine große Zahl von Menschen erfahren musste oder immer noch erträgt und sich daran gewöhnt hat. Ich bin jedoch vollkommen davon überzeugt, dass Freude zum natürlichen Erbe des Menschen gehört.

Jeder Leser dieses Buches wird erkennen, warum er in seinem Leben dort steht, wo er gerade steht, und auf welche Weise seine Mangelzustände, sein Leiden, sein Gefühl der Unfreiheit und Begrenzung entstanden sind. Es ist ein Buch, mit dem du, liebe Leserin, lieber Leser, dein Leben und seine Qualität grundlegend verändern, das heißt transformieren kannst, so wie es in diesen Jahren immer mehr Hörer meiner Vorträge und Meditationen und Teilnehmer an meinen Seminaren erfolgreich und nachhaltig tun.

Wir befinden uns inmitten eines großen Umbruchs in dieser Welt, einer Zeitenwende, in der wir Menschen uns wieder der Kräfte bewusst werden, die in uns schlummern, die wir bisher nur zu einem winzigen Bruchteil genutzt haben, weil wir sie vergessen hatten und für »normal« hielten, was wir in unserem eigenen Leben wie in dem unserer Mitmenschen vorfanden. Was heute jedoch als »normal« gilt, wird morgen als äußerst verrückt angesehen werden.

Ich lade dich ein, das Leben eines »Normalmenschen« jetzt hinter dir zu lassen und dich aufzumachen zum Leben eines bewussten, erwachten und glücklichen Menschen. Dieses Buch sowie die empfohlenen Meditationen werden dir segensreiche Wegweiser und Begleiter sein.

ROBERT BETZ

Einführung

Vorab eine Warnung an den Leser: Wenn du dieses Buch wirklich liest – und nicht nur »querliest« oder hineinschnupperst, wie du es möglicherweise gerade tust –, dann sei darauf gefasst, dass es »Nebenwirkungen« haben wird. Du darfst und solltest damit rechnen, dass du morgen nicht mehr der Mensch bist, der du heute bist oder zu sein glaubst. Rechne damit, dass du morgen anders »tickst«, anders denkst, fühlst und handelst und dich und die Welt mit völlig neuen Augen betrachtest. Vielleicht wirst du schon in einigen Monaten, spätestens aber in einem Jahr über dein bisheriges Leben lachen und den Kopf schütteln vor Verwunderung darüber, was sich alles in dir und in deinem Leben verändert hat und wie du früher durch dein Leben gegangen bist.

Und eine der »Nebenwirkungen«, vor denen ich dich jetzt schon warne, lautet: Erwarte nicht, dass deine Mitmenschen das dann toll finden, was du machst und wer du dann bist. Im Gegenteil: Manche in deinem Umfeld werden dich kritisieren, dich »doof« finden und dir den Rücken zukehren, weil du nicht mehr das alte Spiel mitspielst, das Menschen jetzt ein paar Tausend Jahre lang gespielt haben und das jetzt zu Ende geht. Sie werden dich nicht verstehen und dafür verurteilen, dass du dich auf einmal weigerst, mit ihnen gemeinsam zu jammern und zu leiden, die Mitmenschen zu verurteilen und ihnen die Schuld für den eigenen Frust in die Schuhe zu schieben.

Wer schon lange unglücklich ist, wer nie gefühlt und erlebt hat, was es bedeutet, ein freier, selbstbestimmter Mensch zu sein und jeden Tag interessant und aufregend zu finden und von Jahr zu Jahr ein schöneres, erfüllteres Leben zu leben, dem macht es Angst, wenn andere aufhören, »normal« zu sein. Denn du wirst, wenn du dieses Buch leben wirst, ihr gesamtes Welt- und Menschenbild auf den Kopf stellen, egal, wo du heute in deinem Leben stehst, ob du krank bist oder Schulden hast, ob du eine unglückliche Beziehung führst oder keine Lust auf die Arbeit hast, die du tust.

Lies dieses Buch nicht nur, sondern kaue, verdaue und verstoffwechsle es in deinem Alltag. Das Lesen von Büchern allein verändert noch keine Lebensläufe. Ich biete dir hier mehr als ermutigende und motivierende Worte. Ich zeige dir lebensnah und verständlich, wie du dich aus deinem alten, schweren Mantel herausschälen, aus deinen alten Schuhen aussteigen und dein bisheriges, altes Leben in Liebe verabschieden kannst. Dafür musst du nicht »hart« an dir arbeiten, sondern darfst weich werden, vor allem in deinem Herzen, und dich öffnen in deinem Geist für die Wahrheit, die in deinem Herzen schon immer gespeichert ist. Du hast alles Wissen in dir, aber dein kritischer, zweifelnder Kopf glaubt das vermutlich noch nicht. Das ist in Ordnung, aber das wird sich im Laufe des Lesens ändern.

Lies dieses Buch mit Herz und Hirn. Nimm dir immer mal wieder ein paar Sekunden, um innezuhalten und zu spüren, was einzelne Sätze in dir auslösen und bewegen. Worte und Sätze sind Energien, die über die Augen in unsere feinstofflichen Körper fließen und nicht nur unser Denken aktivieren, sondern auch Gefühle und sogar körperliche Empfindungen auslösen. Achte also darauf, was dein Herz berührt und was in deinem Körper ein wohliges Gefühl auslöst. Alle wahren Gedanken bereiten unserem Körper ein Gefühl der Entspannung, der Ausdehnung, der Leichtigkeit und des Öffnens. Unwahre Gedanken lassen unsere Muskeln kontrahieren, unseren Körper eng, starr und hart werden und uns Unwohlsein erleben. Nimm also deinen Körper beim Lesen mit an Bord.

Bücher können Lebensläufe verändern, lässt ein Mensch sich auf die Energien der Sätze ein und auf das, was hinter den Sätzen aufscheint. Dieses Buch ist mit viel Liebe geschrieben. Wenn du dein Herz öffnest für dich, wirst du diese Liebe spüren und empfangen. Es kann Wunder in deinem Leben bewirken, wenn du es zulässt. Genieße also das Lesen, mach es dir dabei so gemütlich wie möglich und mach jedes Kapitel für dich zu einem Lebensgenuss und geh in die Bereitschaft zu empfangen.

Dieses Buch ist mein Geschenk an dich. Ob du dieses Geschenk annimmst, liegt an dir. Ich weiß jetzt schon, dass viele Tausend Menschen seine Impulse aufnehmen und ihr Leben grundlegend ändern werden.

Mögest du zu ihnen gehören und morgen mit einem fröhlichen Lächeln aufwachen und sagen können: »Das Leben ist schön – und ich bin dabei!«

TEIL I

Wie der Normalmensch sich unglücklich macht

Der normale Mensch schläft und glaubt zu leben

Ich weiß nicht, wie dein Leben bisher verlaufen ist und mit welchem Gefühl du am Morgen aufwachst. Aber ich vermute, dass du noch nicht zu denen gehörst, die vom Leben über alle Maße begeistert sind und es für eine spannende, aufregende und ehrfurchtgebietende Angelegenheit halten. Wie wäre es, wenn du morgens aufwachen würdest mit Gedanken wie: »Herrlich – ich darf schon wieder einen Tag in diesem Körper auf der Erde leben! Welche Geschenke erwarten mich heute? Welche Begegnungen, Berührungen, Erfahrungen, Entdeckungen werde ich heute erleben dürfen? Danke, danke, danke, für diesen neuen Tag! Ich danke dem, der mich erschuf. Ich danke denen, die mich zeugten und aufzogen. Ich danke allen, die mich in diesem Leben begleiten, berühren, inspirieren und anstupsen. Und ich danke mir selbst für den aufregenden Weg, den ich auch heute wieder gehen und fortsetzen darf durch dieses Abenteuer ›Menschenleben‹.«

Vermutlich sieht dein normaler Tagesanfang etwas anders aus. Und so ähnlich, wie du deine Tage beginnst, so verlaufen sie auch. Wir schlafen nicht nur nachts. Auch wenn wir morgens mit unserem Körper erwachen, schlafen wir im Geist weiter, weil wir nicht merken, was hier wirklich geschieht und was wir tun.

Etwas Einzigartiges beginnt an jedem Morgen. Das Leben ruft dir zu: »Ich bin der neue Tag und ich schenke mich dir an diesem neuen Morgen. Ich bin ein unbeschriebenes Blatt und bin gespannt auf die Geschichte, die du auf mir schreibst oder auf das Bild, das du auf mir malst. Ich bin dein Instrument und ich sehne mich nach der Melodie, die du auf mir spielst. Ich bin die Stimme, die ich dir schenke, und ich freue mich auf das Lied, das du auf mir singst. Ich rufe dir freudig zu: ›Mach etwas aus mir! Mach etwas Schönes aus mir! Mach das Schönste aus mir, wozu du fähig bist! Aber lass mich nicht unbewusst, ungelebt und ungeliebt verstreichen. Denn ich bin nur heute, morgen bin ich nicht mehr. Lebe mich jetzt!‹«

Für diesen Ruf des Lebens an uns haben wir unsere Ohren, unsere Sinne verschlossen. Aber die Tage rufen beständig weiter und wir lassen sie schlafend verstreichen, um unser kleines normales Leben zu leben, das den Namen »Leben« nicht verdient. Warum leben wir so viele kleinkarierte, angstvolle Leben mit so viel Druck, Anstrengung und Sorgen, mit so wenig Begeisterung, Genuss und Liebe? Aus einem einfachen Grund: Weil wir es nicht besser wussten und wissen und weil diejenigen, die vor uns da waren, es uns so vorlebten. Generation um Generation wurde die Marschmusik der Normalität geblasen und der Mensch wacht am Morgen auf und denkt: »Ich habe keine Wahl! Ich muss heute wieder aufstehen. Ich muss arbeiten, ich muss mich anstrengen, ich muss es schaffen. Ich darf mich nicht gehen lassen. Ich muss mich zusammenreißen« usw.

Und so marschieren Männer wie Frauen morgens in ihr merkwürdiges Leben mit ihren vielen Müssens, Solltens und Brauchens und strengen sich an, die Erwartungen der anderen zu erfüllen und zu befriedigen, in der Hoffnung auf ein wenig Anerkennung im Kreis der Normalen. Mit diesem Wahnsinn der Normalität geht es jetzt zu Ende – ihr letztes Stündchen hat jetzt geschlagen.

Es ist eine Zeit des Aufweckens und Aufwachens angebrochen. Der neue Morgen eines anderen Lebens dämmert und lädt uns ein, wirklich zu erwachen und uns die Augen zu reiben, damit wir klar sehen und durchblicken. **In dieser unserer Generation geschieht etwas noch nie Dagewesenes. Menschen scheren scharenweise aus der Tradition des »Normalmenschen« aus und entscheiden sich für ein völlig anderes Leben.** Sie geben »Sicherheiten« auf, an die andere sich angstvoll klammern. Das wertet der Verstandesmensch als »naiv« und »realitätsfern«. Denn er glaubt nur das, was er sieht, anfassen und messen kann. Darum begreift auch die Wissenschaft bis heute nichts von dem, was das Leben im Kern ausmacht, was uns atmen, fühlen, lieben oder leiden lässt. Aber auch der kühlste Kopfmensch wird jetzt angestoßen und aufgefordert, seine bisherigen Glaubenssätze zu hinterfragen und zu erkennen, dass auch in ihm ein glühendes Herz schlägt, das sich danach sehnt, zu lieben und vor Freude zu singen. Solange er nicht bereit ist, dieses von ihm verschlossene, vor langer Zeit verletzte und zurückgewiesene Herz zu öffnen, solange wird er sich den Kopf an

21

den Steinen stoßen, auf die er in seinem Leben trifft und mit denen er selbst seinen harten Weg gepflastert hat. Wenn seine Schmerzen groß genug sind und er begreift, dass er mit seinem Denken keinen Ausweg findet aus seinem Irrgarten, wird auch ihm sich eine Tür öffnen mit der Aufschrift »Willkommen im Leben!«

Wie ein Hund in
seinem Zwinger

Der normale Mensch weiß nicht, was er tut, denn er weiß nicht, wer er ist. Ist dir klar, was du dir selbst all die Jahre deines Lebens angetan hast? Wie du es geschafft hast, dein Leben zu einem harten, schweren, anstrengenden Weg zu machen? Wie sehr du dich abgewertet und »hinuntergedacht« hast in das Bewusstsein eines kleinen, unvollkommenen Menschleins, das sich anstrengen muss, um über die Runden zu kommen und die Anforderungen des Lebens zu bewältigen?

Am Anfang deines Lebens hat man dir erzählt, dass du nicht gut seist und dass du dich zu bessern hast; dass du nicht liebenswert seist und dass du viel tun müsstest, um ein wenig Liebe von anderen zu bekommen. Du hast gelernt, Liebe gäbe es nur gegen Leistung, Wohlverhalten und Anpassung. Und weil du abhängig warst von den Großen, hast du versucht alles zu tun, was sie dir sagten. Und du hast ihnen geglaubt, was sie dir über dich gesagt haben. Wie bei Millionen Normalmenschen ist dein Denken über deine Person geprägt von Kritik und Abwertung. Sätze wie: »Ich bin nicht in Ordnung.« »Ich bin nicht liebenswert.« »Ich bin nichts wert.« – sie gehören zu den tief verinnerlichten Grundgedanken des Menschen über sich selbst. Die anderen, deine Eltern oder Großeltern, deine Lehrer konnten damals nicht anders. Sie haben selbst über Jahre – wie in einem langen Prozess der Gehirnwäsche – gelernt, Schlechtes über sich zu denken. **Wenn man einem Kind erzählt, es sei dumm, wird es dumm. Wenn man ihm erzählt, es sei zu nichts nutze, wird es sich nur schwer als ein wertvolles Mitglied der Gemeinschaft betrachten und die in ihm liegenden Schätze entdecken.**

Was wir aber über uns denken, wie wir uns sehen, ist die Grundlage für alles, was uns im Leben begegnet. Unsere Gedanken über uns selbst bestimmen unser Schicksal. Was du denkst über dich, lässt dich so werden, und entsprechend behandeln dich die anderen. Auf der Stirn der meisten Menschen kann man lesen: »Ich bin nicht liebenswert. Ich bin zu dumm, zu schlecht, zu wenig erfolgreich, zu hässlich.« Bei vielen steht »Hau mir eine rein!« und im Kleingedruckten darunter »Ich tue es nämlich selbst auch, jeden Tag!«

Der normale Mensch schlägt sich selbst jeden Tag. Aber im Unterschied zu den Asketen früherer Zeiten, die sich mit dornigen Zweigen blutig geißelten (einige davon gibt es heute noch), tut er im Geiste und unbewusst das Gleiche. All unsere Wunden fügen wir uns selbst zu, auch wenn es nach außen scheinbar anders aussieht. Vielleicht glaubst du noch, so blöd könne doch keiner sein. Es ist aber nicht »blöd«, sondern unbewusst. Unbewusstheit, genauer die Unbewusstheit im Denken, Sprechen und Handeln ist die erste Ursache für unser mühseliges Leben mit den vielen Verletzungen und Enttäuschungen, die uns vermeintlich die anderen oder das Leben zufügen.

Der Normalmensch erschafft sich selbst ein Leben voller Leid, Schmerz, Krankheit und Mangel, weil ihm niemand gesagt hat, wie das Leben und wie er selbst »ticken«. Das kannst du in diesem und in vielen anderen Büchern erfahren. Aber der Mensch schläft so tief beziehungsweise hat sich so sehr an seine Unfreiheit gewöhnt, dass er jedem den Vogel zeigt, der ihm zu erklären versucht, dass die Tür in die Freiheit schon lange offen steht. Dabei gleicht er einem Vogel, der viele Jahre im Käfig gelebt hat, jeden Tag ein paar Krumen gereicht bekam und über dieses karge Dasein und seine Käfigwärter oft klagte, das Käfigleben jedoch als »normal« empfand. Dass die Käfigtür seit langer Zeit nur angelehnt, aber nicht verschlossen ist, das hat er nicht bemerkt und das will er auch von niemandem hören. Genauso verhält es sich mit uns Menschen.

Der Normalmensch lebt wie ein Hund in seinem Zwinger, bekommt jeden Tag mehr oder weniger Futter, Auslauf ab und zu am Wochenende oder wenn er in den Urlaub fährt. Man braucht noch nicht einmal nach ihm zu pfeifen, damit er bald wieder in die gewohnte Gitterwelt seines kleinen Käfiglebens zurückkehrt und tut, was andere ihm sagen. Denn er will halt so sein wie alle anderen und nur ja nicht auffallen. Von einem Leben in Freiheit träumt er zwar ab und zu mal, wenn er ins Kino geht oder einen Roman liest, aber dass er selbst der Held in seinem eigenen Lebensroman sein könnte, dieser Gedanke macht ihm Angst.

Es ist die Angst, die den Menschen ohnmächtig in seinen eingefahrenen Gleisen auf der Spur hält. Der Normalmensch spurt und bemüht sich, so gut es geht, das zu tun, was man von ihm erwartet: arbeiten, Versicherungen abschließen, Kredite bedienen, konsumieren, Pflichten erfüllen und nie unangenehm auffallen. Er bemerkt zwar, dass ihn das nicht glücklich macht, glaubt jedoch, keine Wahl zu haben. Er versucht, seiner selbst erzeugten inneren Leere und Langeweile zu entfliehen, lenkt sich durch vielerlei äußere Tätigkeiten ab oder flüchtet in Süchte, verdrängt aufsteigende Gefühle wie Angst, Wut oder Trauer und stirbt vordergründig an einem kranken Körper.

In Wahrheit stirbt der Mensch an seinem gebrochenen Herzen, das nichts als lieben wollte und das er früh in seiner Kindheit verschloss und gegen dessen Stimme er im Leben immer handelte. **Der Verrat am eigenen Herzen ist die wirkliche Todesursache des normalen Menschen, der nie den Mut fand, sein eigenes Leben zu leben und sich der Liebe und dem Lieben zu öffnen.** Bist du bereit, diese Art von Leben zu beenden und aufzuhören, mit deinem Herzen Kompromisse zu schließen oder seine Stimme völlig zu ignorieren?

Die Vertreibung aus dem Paradies der Unschuld

Wir Menschen werden in ein Leben von Abhängigkeit und Unfreiheit hineingeboren. Denn das kleine Kind hat tatsächlich keine Wahlfreiheit. Es muss sich denen anpassen, die die Macht über es besitzen. Zu Beginn unseres Lebens brauchen wir tatsächlich die Zuwendung und Aufmerksamkeit, die Bestätigung und Liebe eines anderen Menschen. Dieser andere Mensch – unser Gegenüber – ist selbst in seinem Leben nicht satt geworden an Liebe und musste lernen, dass er den Nährstoff »Aufmerksamkeit, Anerkennung, Liebe« angeblich nur bekommt, wenn er bestimmte Bedingungen erfüllt, und auch dann nur in kleinsten Rationen. Wir werden also von Erwachsenen erzogen, die in ihrem Innern selbst noch kleine, verletzte und nach Liebe hungernde Kinder sind, mit sich und ihrem Leben nicht glücklich. Deshalb können sie auch uns nicht glücklich machen, sondern nur zeigen, wie man sich unglücklich macht. **Erziehung ist bis heute weitgehend eine Anleitung zum Unglücklichsein, auch wenn Eltern das Beste für ihr Kind wollen.** Diese schmerzhafte Erfahrung der Kindheit, für Liebe die Erwartungen und Bedingungen anderer erfüllen zu müssen, hat jeder von uns gemacht. Es war unsere »Vertreibung aus dem Paradies«. Und es war zugleich ein Weg hinaus aus dem Bewusstsein unserer Einzigartigkeit. Es war die Dressur hin zur Norm, die Erziehung zum »Normalmenschen«, wie wir sie heute immer noch unseren Kindern verpassen. Wir maßen uns an zu wissen, was für sie richtig ist. Wir halten sie schon früh zur Leistung an und wollen stolz auf sie ein. Wir wollen, dass sie früh laufen können und selbstständig sind, und zwingen sie schon bald, still zu sitzen und das zu tun, was wir von ihnen erwarten. Wir lassen sie nicht so lange spielen, wie sie wollen. Wir nehmen uns kaum die Zeit, um mit ihnen zu spielen und an ihrer Welt teilzuhaben, mit einem offenen Ohr für ihre Gedanken, Ängste, Träume und Hoffnungen.

So blieben auch wir selbst hungrig nach Liebe, wuchsen in große Körper hinein und glaubten, nun erwachsen zu sein. In unserem Innenleben jedoch blieb jenes Kind lebendig, das sich danach sehnt, in einer Welt der Geborgenheit und Liebe zu leben, zu lachen, zu spielen und sich des Lebens zu freuen. Dieses Kind lebt in jedem von uns und meldet sich täglich zu Wort, wenn es uns nicht gut geht. Wenn jemand Ärger oder Wut, Trauer oder Angst, Minderwertigkeit oder Ohnmacht in uns auslöst, ist es das Kind in uns, das diese Gefühle fühlt. Es ist nicht der erwachsene Mensch selbst, sondern das Kind in uns, das uns daran erinnert, dass es sein Paradies, die Welt der Liebe und des Liebens verloren hat. Dort will es wieder hin. Dort will auch unser Herz hin, denn es weiß: Ich komme aus der Liebe, ich bin aus der Liebe geboren und nur diese Liebe meines Herzens ist es, die mich zu einem glücklichen Menschen machen kann.

Diese Rückkehr ins Paradies steht jetzt in diesen Jahren auf dem Programm unseres Lebens. Sie hat bereits in vielen Menschen begonnen, die begriffen haben: Niemand holt uns aus dem selbst erbauten Gefängnis, dem Käfig der Normalität, der Anpassung, der Selbstverurteilung heraus, außer wir selbst. Menschen begreifen heute immer mehr, dass alles Leid und aller Mangel, die sie empfinden, von ihnen selbst erschaffen wurden. Darum können auch nur wir allein uns daraus befreien – und die Tür zur Freiheit steht offen! Die Freiheit ruft uns zu: »Komm, trau dich, du hast nichts zu verlieren, sondern nur zu gewinnen.« Hör auf, dir einzureden, du hättest keine Wahl, und lass es dir nicht länger von anderen einreden. Du hast die Wahl, und das Leben und die Liebe selbst fordern dich jetzt massiv auf, dich neu zu entscheiden für ein Leben, das diesen Namen verdient: für ein Leben der Freude und der Erfüllung, für ein Leben in Leichtigkeit und Fülle, in Frieden und in Freiheit.

Wer in diesen Jahren weiter versucht, das alte Spiel der Anpassung zu spielen, eine Ehe oder eine Partnerschaft ohne die Liebe zu leben, einer Arbeit ohne Freude nachzugehen und zu tun, was andere von ihm erwarten, dieser Mensch wird jetzt aufgeweckt – und das oft schmerzhaft. Unser Herz – die Liebe selbst – macht jetzt in uns mobil und erinnert uns daran, dass wir alle hier auf diese Erde kamen mit einer Absicht, nämlich die Liebe auf die Erde zu bringen. Die Liebe ist unser Erbe, unsere Heimat, und dorthin geht es nun – in dieser Zeit der großen Veränderung – wieder zurück.

Mehr und mehr Menschen werden angestupst und aufgeweckt, um sich an den Sinn und Kern des Mensch-Seins zu erinnern: an das Glücklichsein im Lieben. Niemand vermag dieser in uns selbst verankerten Wahrheit zu entfliehen, nur schmerzhafte Umwege kann er machen. Bist du bereit, diese Umwege jetzt zu beenden und zum Wesentlichen, zum Kern deines Menschseins zu gelangen?

Hör auf, das Opfer zu spielen!

Der Normalmensch glaubt, er sei das Opfer anderer Menschen oder eines ungerechten Lebens. Solange er dies glaubt, wird er weiter die Erfahrungen eines Opfers machen – wütend, leidend und verurteilend. Er merkt nicht, dass er selbst derjenige ist, der sich alles Leid zufügt. Auch wenn es vordergründig anders erscheinen mag, wir leiden nur an uns selbst und an unseren eigenen Schöpfungen. Wir urteilen und beschweren uns über unsere harte Kindheit, über unsere lieblosen Mitmenschen, die ungerechte Welt der Wirtschaft, die unfähigen Politiker, die untreuen Partner, die undankbaren Kinder, die mobbenden Kollegen und vieles andere mehr. Für das »Opfer« sind die anderen die Ursache des eigenen Leidens. Das ist ein Irrtum. Wir selbst entscheiden uns jeden Tag aufs Neue unbewusst für das Leiden und den Schmerz. Bewusst tut das niemand, aber unbewusst tut es fast jeder.

Mit jeder Verurteilung eines anderen machen wir uns zu dessen Opfer. Wer mit den Eltern seiner Kindheit noch immer nicht im Frieden ist, sagt sich: »Weil ich diese Kindheit hatte, geht es mir heute schlecht.« Ist das wahr? Nein! Es gibt genügend Menschen, die eine fürchterliche Kindheit gehabt haben und heute glückliche Erwachsene sind. Wer mit seinem Expartner leidvolle Erfahrungen gemacht hat, sagt sich: »Wenn er nicht so gewesen wäre, ginge es mir heute besser.« Ist das wahr? Nein! Es sind einzig und allein unsere Gedanken über diese Zeit und unsere seit Jahren abgelehnten Gefühle, unter denen wir leiden und die dazu führen, dass wir wieder und wieder enttäuschende, schmerzvolle Erfahrungen machen. Wir verlängern unsere unglückliche Kindheit zu einem unglücklichen Leben. Und unsere unglücklichen Partnerschaften verzeihen wir uns und dem Expartner nicht und wiederholen diese Erfahrungen wieder und wieder, bis wir schließlich aufwachen und erkennen, was wir da mit uns machen.

Wer sich weiter be-schwert, der erzeugt Schwere in seinem Körper und in seinem Leben und trägt schwer daran. Millionen »normaler« Menschen tragen die Rucksäcke einer Vergangenheit auf ihren Schultern, die sie sich nie verziehen haben. Wir leiden vor allem an der unfriedlichen Vergangenheit, die wir in uns aufrechterhalten, und an der eigenen Verurteilung. Nirgends sonst als in uns selbst existiert der Krieg, den wir im Außen wiederfinden, in unseren Familien, Unternehmen, Organisationen und Ländern. Es ist ein Krieg gegen uns selbst.

Das Opfer sagt: »Ich war es nicht. Die anderen und das Leben haben mich schlecht behandelt. Sie sind schlecht.« Das Opfer befindet sich innerlich immer in einem Reklamationszustand und meint, das Leben und die anderen schuldeten ihm noch etwas, eine Wiedergutmachung. Prüfe und horche in dich, in welcher Situation du in diesem Ton der Beschwerde, der Anklage, der Reklamation denkst und sprichst und von deinen Mitmenschen etwas verlangst, was du dir selbst nicht gibst: die Liebe.

Der Normalmensch gibt schon am Morgen beim Aufstehen seine Macht ab, aus dem Leben etwas Wunderbares zu machen: Er verzichtet auf seine Fähigkeit zu erschaffen und zu gestalten. Da er sich dieser Schöpfermacht, die ihm vom Leben verliehen wurde, nicht bewusst ist, denkt, spricht und handelt er jeden Tag auf die gleiche lieblose Weise. Er verurteilt nicht nur die Welt, das Leben und die anderen, sondern bricht jeden Tag den Stab über sich selbst auf die Weise, wie man mit ihm als Kind umgegangen ist oder noch härter. Anstatt sich selbst alle Liebe zu schenken, weigert er sich beharrlich, sich zu lieben. Er denkt: »An mir ist nicht viel Liebenswertes. Ich bin nicht gut, ich bin ein Verlierer. Ich bin eine arme Sau. Ich bin nicht klug, attraktiv, erfolgreich, spirituell … genug.« Er denkt sich hinunter und verstärkt dadurch jeden Tag das Gefühl der Kleinheit, Scham, Schuld und Unzulänglichkeit, und das macht ihn zugleich wütend, traurig, depressiv und ängstlich. Wenn du glaubst, dies sei übertrieben, dann hör dir manchmal bewusst zu, wie du innerlich mit dir selbst sprichst, und schau dir an, wie du mit dir selbst im Alltag umgehst, besonders in den Momenten, in denen es dir nicht gut geht oder dir etwas nicht so gelingt, wie du es gern hättest. Nimm ein einfaches Beispiel, das du mit Sicherheit schon erlebt hast. Du hast einen wichtigen Termin und findest deinen Schlüssel nicht. Was geschieht jetzt in dir und wie gehst du in diesem Augenblick mit dir um? Die meisten Menschen beginnen sofort, sich zu ärgern und sich ihre Unordnung oder Vergesslichkeit oder Gedankenlosigkeit vorzuwerfen. In ihren Gedanken beschimpfen sie sich und geraten in Panik. Oder sagst du in solch einem Augenblick: »Trinken wir jetzt erst mal in Ruhe ein Tässchen Tee. Dann wird mir schon einfallen, wo der Schlüssel liegt«? Und das ist nur ein Beispiel für viele kleine Begebenheiten im Alltag, in denen wir uns selbst heruntermachen.

Wer frei und glücklich sein will, der entscheidet sich, mit diesem »Opferspiel« aufzuhören und sein Leben in die Hand zu nehmen. Seit du dein Elternhaus verlassen hast, bist du frei, zu denken, zu sprechen und zu tun, was du willst. Aber du glaubst das (noch) nicht. Horche immer öfter darauf, was es in dir denkt über dich selbst, über dein Frau-Sein oder Mann-Sein, über deine bisherige Lebensleistung, dein Verhalten, deine Eigenschaften. Wenn du diese Gedanken aufschreibst, wird dir bald klar werden, warum du genau die Erfahrungen machen musstest, die du gemacht hast.
Geh radikal an die Bestandsaufnahme aller Gedanken, die du über dich selbst denkst, und entdecke, wie tief deine Verurteilungen, deine Abwertung und Kritik dir selbst gegenüber in dir stecken. Diese Gedanken sind die Saat, die du seit Jahrzehnten in die Welt ausstreust. Wunderst du dich da noch, dass aus dieser Saat keine schönen Früchte, keine harmonischen Beziehungen, kein erfülltes und glückliches Leben her-

vorgehen, sondern vor allem dornige Sträucher, Disteln und kantige Steine, über die du dauernd stolperst? Jeder unserer Gedanken ist wie ein Bumerang, den wir in die Welt werfen und der zu uns zurückkommt. Ist es ein Gedanke der Verurteilung, verwirklicht er sich in deinem Leben, in deinem Körper, in deinen Beziehungen und an deinem Arbeitsplatz. Denn das ganze Universum und auch jeder Mensch hört und spürt, was du denkst, und reagiert entsprechend darauf. Solange du dich selbst nicht liebst, sagst du damit den anderen: »Bitte liebt mich nicht, ich tue es auch nicht. Ich denke nämlich, dass ich keine Liebe verdient habe.« Wer sich selbst nicht aufrichtig und ehrlich begegnet und auf die Wahrheit seines Herzens horcht, den behandeln auch andere nicht ehrlich. Wer sich selbst nicht respektiert, der erhält auch keine Achtung und keinen Respekt von anderen. Seine Kinder, sein Partner, seine Kollegen werden den nicht respektieren können, der sich selbst Würdigung, Respekt, Achtung und Liebe vorenthält. **Die Welt kommt dir so entgegen, wie du dich selbst in deinem Innern behandelst.** Bist du jetzt endlich bereit, die lieblose Beziehung zu dir selbst zu beenden?

Was stimmt nicht (mehr) in deinem Leben?

Viele Menschen spüren seit Langem, dass einiges nicht mehr stimmt in ihrem Leben. Eine innere Stimme ruft ihnen beständig zu: »Wach auf! Das stimmt doch nicht, was du da tust und lebst.« Was fühlt sich in deinem Leben nicht mehr stimmig an? Deine Partnerschaft oder Ehe, dein Singledasein oder dein Leben als Alleinerziehende(r), deine Arbeit, dein Freundeskreis, dein Umgang mit deinem Körper, deine Wohnung, dein Wohnort, die Beziehung zu deinen Eltern? Bist du mit der Art, wie du durch die Tage deines Lebens gehst, im Frieden? Macht es dich glücklich, so wie du lebst, wie du mit dir und mit anderen umgehst?

Für viele Menschen läuft es nicht rund in ihrem Leben, aber sie stellen sich nicht den Ursachen. Es scheint ihnen einfacher und bequemer zu sein, alles beim Alten zu lassen, anstatt sich diesen Kernfragen zu stellen und sie auch zu beantworten. Schiebe diese Aufgabe nicht weiter vor dir her, so wie die Bearbeitung deiner Steuerunterlagen, die oft erst nach ein, zwei Mahnungen hastig zusammengestellt werden. Du hast jetzt die Wahl und du triffst sie in jedem Fall. Deine Entscheidung kann lauten: »Ich lasse die Dinge laufen, denn ich glaube nicht wirklich, dass ich mein Leben selbst lenken, gestalten und verändern kann.« Auch das ist eine Entscheidung und sie wird dich in eine (weitere) schmerzvolle Sackgasse führen, egal ob du den Schmerz in deinem Körper oder in der Psyche zu spüren bekommst, egal ob sich die Sackgasse zuerst in deiner Partnerschaft, deinem Beruf oder an deinem physischen Körper zeigt.

Es ist nicht möglich, sich um eine Entscheidung zu drücken. Du kannst dich nicht nicht entscheiden. Du wirst dich immer entscheiden zwischen Unbewusstheit oder Bewusstheit, zwischen dem Bewusstsein eines Opfers, scheinbar geschlagen von der Härte des Lebens, oder dem eines Schöpfers und Gestalters seiner Lebenswirklichkeit; zwischen dem angstvollen Vermeiden, ehrlich hinzuschauen und Kurskorrekturen vorzunehmen, oder dem mutigen Anschauen dessen, was ist; zwischen der Entscheidung, ein normaler oder ein glücklicher Mensch sein zu wollen. Immer triffst du eine Entscheidung. Du hast nicht die Wahlfreiheit, dich nicht zu entscheiden, denn du bist und bleibst ein täglich erschaffendes Wesen und wirst es immer sein. Aber du hast die Freiheit, dich jederzeit neu zu entscheiden.

In jedem Fall wirst du in einigen Jahren oder Jahrzehnten mit absoluter Sicherheit dieses Leben in deinem Körper beenden und – vielleicht zu deiner großen Überraschung – alles andere als tot sein. Du wirst entweder vor dem Sterben deines physischen Körpers, auf jeden Fall aber danach mit sehr klarem Geist auf dieses dein Leben zurückblicken – und dich dann nicht mehr belügen können. Kristallklar wirst du wie in einem Protokoll nachlesen und sehen können, wie du es gemacht hast an jedem einzelnen Tag. In welchem Maße du deinem Verstand oder deinem Herzen gefolgt bist, wie oft dir das Leben Signale geschickt hat, doch endlich aufzuwachen und zu begreifen, was dein Herz hier leben wollte, und wie oft du diese Signale ignoriert hast. Dann ist kein Selbstbetrug mehr möglich, denn das geistige Wesen, der »Spirit«, der du bist, kann nicht sterben. Aber dein Leben im Körper wird zu diesem Zeitpunkt beendet sein. Jetzt ist es das noch nicht. Nutze also deine Zeit, es lohnt sich! *Carpe diem* – Pflücke den Tag!

Alles Leben bewegt sich in Kreisläufen, in Rundungen. In der Natur laufen die Dinge rund, genauso im Universum. Alles dreht sich in Kreisen, die Erde um die Sonne und die Chakren, die Energiezentren in unseren feinstofflichen Körpern, um sich selbst. Wenn etwas »rund« ist, dann ist es für uns stimmig. »Das ist eine runde Sache« und »Das fühlt sich noch nicht rund an«, sagen wir. Kannst du dich an die Murmeln, die Kugeln deiner Kindheit erinnern, an die aus Glas oder Metall? Kauf dir noch einmal welche und spiel mit ihnen. Das meine ich ernst! Das Kind in dir hat Lust dazu. Schon das Fühlen ihrer glatten runden Oberfläche bereitet unseren Fingern und unserem Herzen Wohlbehagen. Du kannst daraus ein Spiel oder sogar eine kleine Meditation machen. Lass die Murmeln einmal rollen und beobachte sie eine Zeit lang. Es macht Freude und bringt dich in einen Zustand der Ruhe.

Und dann fang langsam an, dich zu fragen: Rolle ich so sanft, leicht und spielerisch durch mein Leben wie meine Murmeln? Welcher Bereich meines Lebens fühlt sich so rund an wie diese Murmeln? Wie wäre es, wenn es sich in meinem Körper so rund und harmonisch anfühlen würde? Oder in meiner Partnerschaft? Oder in meiner Firma? Kannst du dir eine Firma vorstellen, in der alle Mitarbeiter so rund und ruhig rollen wie diese Murmeln? Und wenn sie mal zusammenstoßen, dann rollen sie anschließend in aller Ruhe weiter. Was wäre das für eine erfolgreiche und schöne Firma?

Erforsche also die Unrundungen, die Ecken und Kanten in deinen persönlichen Lebensbereichen und verspüre die Lust in dir, so sanft und rund zu rollen wie deine Spielmurmeln. Alle Ecken und Kanten, alle Konflikte, aller Ärger und Schmerz, jede Krankheit und jeder Mangelzustand, den du heute in deinem Leben vorfindest, rufen dir ständig zu: »Mach die Sache jetzt rund!« Wir müssen uns nicht weiter vorwerfen und uns dafür schämen, dass in unseren Leben bisher manches oder vieles nicht so lief oder läuft, wie wir uns das wünschen. Das können wir uns verzeihen, denn wir wussten es nicht besser. Niemand hat uns damals etwas von bewusstem Schöpfertum erzählt. Aber jetzt kann sich niemand mehr damit herausreden, es immer noch nicht zu wissen. Denn die Spatzen pfeifen es von den Dächern: Das Riesenrad des Lebens lädt uns ein, die eckigen Dinge unseres Lebens jetzt rund zu machen und einzusteigen in das Rad der Liebe und auszusteigen aus dem unbewusst erschaffenen Hamsterrad der Angst. Es ist jetzt Aufwach- und Aufräumzeit zugleich.

Kein Lebenslauf verläuft von Anfang bis Ende harmonisch und rund. Im Gegenteil: Nach der beschriebenen Vertreibung aus dem Paradies der unschuldigen Kindheit stürzen wir uns zunächst in ein Leben der Unbewusstheit und des Aktionismus. Der normale Mensch lernt früh, dass er möglichst viel tun soll. Wir konzentrieren uns darauf, etwas im Außen zu bewegen, zu arbeiten, um Geld zu verdienen und unsere Rechnungen bezahlen zu können. Da wir uns schon in der Kindheit und Jugend gründlich angewöhnt haben, uns zu verurteilen und nicht mehr auf unser Herz zu hören, machen wir vor allem das, was die anderen auch tun, und erhoffen uns Anerkennung oder wollen zumindest nicht unangenehm auffallen.

Wenn wir aus dem Elternhaus ausziehen, denken wir zwar gern, wir seien jetzt frei, aber wir nehmen diese Freiheit nicht wirklich in Besitz. Aus der Unfreiheit in unserem Elternhaus erschaffen wir neue Unfreiheiten in unseren Beziehungen wie in unserer Arbeitswelt. Hier formen wir selbst die Ecken und Kanten, die uns das Runde, die Harmonie, die Freude und den Genuss am Leben verwehren und nehmen. Einem unfreien Leben im Elternhaus, das wir oft machtlos, wütend oder traurig ertrugen, folgen weitere Jahrzehnte, in denen wir uns nicht als fröhliche, freie Schöpfer unserer Lebenswirklichkeit begreifen, sondern als von anderen Abhängige. Den Verstrickungen mit Mutter, Vater und Geschwistern folgen neue Verstrickungen mit Partnern,

Freunden, Bekannten, Kindern, Kollegen, Vorgesetzten und Nachbarn.

Und da es fast allen so geht, die wir kennen, halten wir das Ganze für ziemlich normal. So benötigt der Normalmensch meist vier, fünf oder mehr Jahrzehnte, bis er sich mit seinem eckigen, leidvollen Lebenslauf so viele Verletzungen zugezogen und Enttäuschungen eingesteckt hat, um endlich zu verstehen, dass dies mit der Natur des Menschen absolut nichts zu tun hat, und aufzuwachen beginnt. Wenn der Partner ihn nach zwanzig, dreißig Jahren verlässt, ist das vordergründig ein Drama mit schmerzhaften Begleiterscheinungen. In Wirklichkeit ist es das Leben selbst, das dem Betroffenen einen kräftigen Tritt in den Hintern verpasst, damit er endlich aufwacht und denselben bewegt, um einen neuen Weg einzuschlagen und seinem Leben eine neue Richtung zu geben.

Wenn man mit fünfzig den sicher geglaubten Job verliert, ist das kein Zuckerschlecken für den Betroffenen, sondern löst Wut, Enttäuschung und Ängste aus. Aus einer gesunden Distanz betrachtet, packt das Leben den Betroffenen am Revers und schüttelt ihn einmal kräftig durch, um ihm zu sagen: »Du hast das Thema ›Arbeit‹ noch nicht begriffen. Es geht hier nicht darum, sich an einem Arbeitsplatz, den man nicht liebt, festzuklammern, um die Rente zu erreichen und fleißig in die Pflegeversicherung einzuzahlen, um sich später ein paar Jahre ins Bett legen zu können, bevor man stirbt. Das ist des Menschen nicht würdig.«

Und wenn der Körper mit sechzig im Eimer ist, ist dies so unnatürlich wie eine Katze mit Bandscheibenvorfall. Es ist hausgemacht, auch wenn Millionen von Menschen bei dem Gedanken aufschreien, sie könnten ihren Krebs, ihr Rheuma, ihre Herzinfarkte, ihren Diabetes, ihre Depression oder ihre Multiple Sklerose selbst erschaffen haben. Schon die Frage: »Könntest du dir vorstellen, dass du dir das selbst auf unbewusste Weise erschaffen hast?« löst Wut und Empörung im Normalmenschen aus. Er will es nicht hören, weil nicht wahr sein kann, was nicht wahr sein darf. Und die klassische »Normalmedizin« und »Normalpsychologie« unterstützen ihn natürlich nach besten Kräften, denn ein normaler Mensch hat kein Interesse daran, selbstständig zu denken und zu handeln. »Gott bewahre uns vor dem Menschen, der sein Leben, seine Gesundheit, sein Glück selbst in die Hand nimmt und einfach nicht krank werden will«, heißt ihr stilles tägliches Morgengebet.

Der Abschied vom Kampf des Lebens

Wenn du dein Leben heute als anstrengend empfindest, wenn du kämpfst und dich plagst, um über die Runden zu kommen, dann bist du in bester Gesellschaft mit Millionen Menschen. Viele Vorteile bringt dir das nicht, abgesehen von dem Gedanken: »Den anderen geht's auch nicht besser.« Willst du dich damit über den Druck und die Schwere in deinem Leben hinwegtrösten? Willst du weiterhin ein Herdentier sein, das den anderen hinterherläuft, um ihr Schicksal zu teilen? Schau dir die Gesichter deiner Mitmenschen an. Wie traurig, ernst, verbittert, ängstlich und leblos sehen sie aus? Selbst vielen jungen Menschen fehlt schon das Funkeln in den Augen. Sie schauen nicht mehr offen und neugierig in die Welt und in die Augen ihrer Mitmenschen.

All diese Gesichter spiegeln wider, was der Normalmensch aus seinem Leben macht: eine traurige, anstrengende Angelegenheit. Unser Kopf glaubt zu wissen, dass das Leben nun einmal anstrengend sei. Und als Beweis führt er an: »Betrachte dir das Leben der Menschen: Es ist anstrengend und schwer! Und auch mein Leben war die letzten Jahrzehnte hart.« Aber ist das wirklich ein Beweis?

Wenn wir uns überlegen, was wir Menschen bisher aus unserem Leben machen, können wir uns fragen, ob dies der Natur des menschlichen Lebens entspricht. Mein Herz sagt dazu: »Absolut nicht!« Ich halte es für einen der größten Irrtümer und ein Missverständnis anzunehmen, dass das Leben natürlicherweise eine Sache von Kampf, Druck und Mühsal sei. Nein, wir Menschen haben es dazu gemacht, das Leben selbst kann dafür nichts. Der Kampf und der Druck mit all den negativen Folgen für unseren Körper und unsere Seele sind durch und durch hausgemacht. Das begreifen in diesen Jahren immer mehr Menschen und scheren jetzt aus der Herde der Kämpfenden und Leidenden aus. Wenn du das auch willst, liest du gerade das richtige Buch.

Über Jahrtausende war das Leben der meisten Menschen tatsächlich kein Zuckerschlecken. Über Epochen hinweg bestand das Leben unserer Ahnen aus Arbeit, um zu überleben. Es war eine Plackerei. Hinzu kamen Kriege, Vertreibungen, Pest und andere Seuchen sowie die Unterdrückung, Knebelung und Manipulation der Massen durch die Kirche und weltliche Herrscher. Die Geschichte unserer Ahnen und ihre Erfahrungen sitzen bis heute in unseren Körperzellen und in unserem Bewusstsein. Sie hatten nicht die Möglichkeiten, die wir gegenwärtig haben. In vielen Ländern leben die Menschen heute in einem so hohen materiellen Wohlstand, dass wir uns Zeit nehmen können, uns um das Wesentliche des Mensch-Seins zu kümmern, um unser Bewusstsein und die Frage: Wie funktioniert das Leben überhaupt? Wie tickt der Mensch? Millionen Menschen öffnen sich jetzt für die Frage: Könnte es sein, dass ich mir selbst ein anderes Leben erschaffen kann, ein leichtes Leben voll Freude und Erfüllung? Sie fangen zum Beispiel an, die Wünsche ihres Herzens zu erforschen, und stellen zu ihrer Überraschung fest, dass aus Wünschen Wirklichkeit werden kann.

Und obwohl zwischen dem Leben unserer Ahnen und dem unseren Welten liegen, ist das Bild vom Leben als einem Kampf noch tief verankert in den Köpfen der meisten Menschen. Wie viele haben in ihrer Kindheit gehört: »Streng dich an! Tu was! Reiß dich zusammen! Lass dich nicht so gehen!« und sie gehorchten. Damals blieb ihnen, blieb uns nichts anderes übrig, denn wir waren als Kinder unfrei und hatten keine Wahl! Und so haben wir auch die Glaubenssätze über das Leben tief verinnerlicht, die unsere Eltern oder Großeltern uns ständig vorbeteten und vorlebten: »Das Leben ist hart, ungerecht, schwer, kurz und beschissen, eine Prüfung, ein Kampf.« Egal ob du heute zwanzig oder achtzig bist: Du bist der Letzte in einer unendlich langen Reihe von Ahnen, die dir vorausgingen, und der Erste, der eine Wahlfreiheit besitzt, von der jene nicht einmal träumen konnten. Und deine Ahnen schauen heute auf dich und hoffen, dass du jetzt an der Spitze dieser Ahnenreihe, als ihr Fahnenträger, den Ausstieg schaffst aus diesem selbst erschaffenen Karussell des Leidens. Das wird auch für sie weitreichende positive Folgen haben. Deine Ahnen leben – nur nicht in einem menschlichen Körper –, und du kannst mit deiner persönlichen Lebensleistung sehr viel zu ihrem Wohlbefinden beitragen. Durch deine eigene Befreiung aus dem Gefängnis des Normalmenschen befreist du auch deine Ahnen aus ihren eigenen in unzähligen Leben erschaffenen Begrenzungen. Das kannst du für Blödsinn halten, denn »normal« sind solche Gedanken wirklich nicht.

Wenn du noch glaubst, das Leben sei ein Kampf, dann muss dir das Leben Gegner schicken, gegen die du kämpfen kannst. Anders ausgedrückt, du erschaffst dir am laufenden Band Widerstände, Konflikte, Hindernisse, Enttäuschungen und Schicksalsschläge, um etwas zum kämpfen zu haben. Du hast sie dir bestellt, denn dein innerer Denker sagt: »Das Leben ist hart!« Und das Leben sagt: »So sei es! Nach deinem Glauben geschehe dir! Hier hast du was, woran du dir die Zähne ausbeißen kannst!« Und wenn du denkst, das Leben sei ungerecht, dann wirst du dir Situationen schaffen, in denen du dich wieder einmal als armes Opfer eines vermeintlich ungerechten Lebens wiederfindest. Das Leben selbst ist absolut gerecht und will, dass du jetzt aufwachst und seine Gesetzmäßigkeiten begreifst.

So, wie du über das Leben denkst, offenbart es sich vor deinen Augen. Ununterbrochen sendest du deine Gedanken, deine Gefühle, deine Worte und Handlungen hinaus und das Leben antwortet dir dementsprechend. Daran ist nichts Ungerechtes. Es ist nur folgerichtig. Alle Gedanken sind Energien, die du hinausschickst, und jeder Gedanke, insbesondere die tief sitzenden Glaubenssätze und Überzeugungen, manifestieren und materialisieren sich in deinem Leben. Sie sind die Gitterstäbe des selbst errichteten inneren Gefängnisses, welches typisch ist für das Leben eines Normalmenschen.

Das Leben ist nicht gut oder schlecht, sondern entwickelt sich vor deinen Augen so, wie du darüber denkst. Deine heute erlebte Lebenswirklichkeit ist die Folge deines Bewusstseins. Das Sein – ob der materielle Körper oder die Ereignisse deines Lebens – folgt deinem Bewusstsein. Da das Leben der meisten Menschen ein »Un-Bewusstsein« ist, bemerken sie nicht, was sie täglich in ihrem persönlichen Leben anrichten. Sie wissen nicht, was sie tun, aber das ändert nichts daran, dass sie selbst für die Folgen Ihres unbewussten Denkens, Sprechens und Handelns voll verantwortlich sind. Das Leben ist also absolut gerecht, denn es konfrontiert dich täglich mit dem, was du gestern und vorgestern gesät hast. Jetzt aufzuwachen als bewusster Schöpfer heißt, deine Verantwortung zu übernehmen für die Saat, für dein Schöpfertum von gestern, um heute zu beginnen, eine andere Saat auszustreuen, neue Gedanken zu denken und dich dafür zu öffnen, was dir das Leben selbst alles bietet, um etwas Wunderschönes, Leichtes, Erhebendes daraus zu machen. Das wird schneller geschehen, als du dir vorstellen kannst. Es dauert keine Jahrzehnte, schon nach wenigen Monaten wirst du spüren und erleben, was an Neuem geschieht, zuerst in dir und dann im Außen. Aber du darfst zunächst einmal erkennen, dass du hier der Akteur bist. Und dein erster und wichtigster Akt besteht nicht im Tun, sondern im Denken und Festhalten an deinen Gedanken über dich selbst, über das Leben und über deine Mitmenschen, mit denen du von morgens bis abends durch dein Leben gehst.

Wir sprechen hier nicht von einer Richtung, die als »Positives Denken« bekannt geworden ist. Es bringt nichts, sich vorzubeten: »Das Leben ist schön! Das Leben ist leicht! Das Leben ist wunderbar!« Solche Affirmationen tausendmal zu wiederholen macht keinen Sinn, denn in dir ist jemand, der weiterhin sagt: »Das glaube ich nicht. Das sehe ich anders.« Das ist so, als würdest du mit Farbe über eine feuchte, schimmlige Wand streichen. Nach zwei Tagen wird der Schimmel wieder durchkommen. Aus dem gleichen Grund scheitern viele, die immer noch glauben, sie müssten sich nur etwas Schönes wünschen und schon wäre ihr Leben schön. Wer sich für morgen etwas Neues in seinem Leben wünscht, darf erst einmal seine Verantwortung dafür übernehmen, was er sich bis heute in seinem Leben und in seinem Körper kreiert hat, und darf es würdigen. Die »Wünscheritis«, die unter uns grassiert, wird – wie das Positive Denken – viele Enttäuschte zurücklassen, weil diese die unangenehmen Zustände ihres Lebens sowie ihre Emotionen nicht als eigene Werke begreifen und deshalb keine Verantwortung übernehmen.

Wenn wir grundlegend neu denken wollen, dann dürfen wir uns zunächst sehr bewusst machen, was wir bisher alles geglaubt haben. Es geht um eine Inventur unserer fast immer unbewussten Grundgedanken und damit unseres Un-Bewusstseins. Mach nicht nur Inventur in deinen äußeren Lebensbereichen, sondern vor allem dort, wo die Ursache all dessen zu finden ist, nämlich in deinem Geist.

Wenn du in deinem Herzen Zustimmung hörst für diesen Weg, dann entscheide dich jetzt für den Ausstieg aus einem jahrtausendealten Denken, aufgrund dessen wir das Leben als einen Kampf betrachtet haben und worunter heutige Generationen noch leiden. Und entscheide dich zugleich für einen Einstieg in ein neues Bild vom Leben, das immer schon in deinem Herzen gespeichert war, denn dein Herz kennt sich mit dem Leben aus. Aber vielleicht glaubst du das noch nicht. In dir sind alles Wissen und alle Weisheit über dich und das Leben gespeichert. Der Mensch ist unter anderem ein unendlich großer Wissensspeicher. So wie in einem Tropfen deines Blutes unzählige Informationen enthalten sind, die bis heute nur zu einem Bruchteil entschlüsselt sind, so enthält dein Herzzentrum (nicht deine biologische treue Pumpe »Herz«) alles Wissen über dich und über das Leben.

Die Angst – das Lebenselixier des Normalmenschen

Viele Menschen klagen, das Leben sei so unsicher, riskant oder gar gefährlich. Was nicht alles passieren könnte. Jeden Tag sind die Zeitungen und Nachrichtensendungen voller Berichte darüber, was an schlimmen Dingen in der Welt geschieht. Tausende sterben jedes Jahr auf den Autobahnen und Straßen. Firmen melden Insolvenz an und entlassen Mitarbeiter. Menschen erkranken an verschiedensten Krankheiten und sterben daran. Männer und Frauen verlassen ihren Partner und lösen Verzweiflung und Schmerz aus. Immer mehr ältere Menschen werden, Jahre bevor sie sterben, als »Pflegefall« ans Bett gefesselt. Junge wie Ältere verfallen Süchten und kommen nicht wieder von ihnen los. Terroristen drohen mit Sprengstoffanschlägen. Wer weiß, wie nach Rinderwahn, Vogelgrippe und Schweinegrippe die nächste Seuche heißen wird? Vor diesen und vielen anderen möglichen Schicksalsschlägen hat der Normalmensch Angst und sorgt sich um sich und andere.

Die Angst ist so etwas wie das Lebenselixier des Menschen, von dem er jeden Tag, angefangen beim Lesen der Morgenzeitung bis zum Hören der Spätnachrichten, ein großes Glas trinkt. Bei den meisten müsste man eher von einer Dauerinfusion mit »Angst« sprechen, für die sie sich einen Katheder haben legen lassen. Das heißt, sie tun alles, um die Angst in ihren Zellen nie ausgehen zu lassen. Sie füttern sich täglich damit und beten: »Oh Herr, gebe mir meine tägliche Angstration. Ich kann nicht ohne sie.« Und der Verstand sagt: »Ja, aber das sind doch Fakten. Man sieht und hört doch an jeder Ecke, in jeder Familie, in jedem Büro von dem Schrecklichen, was Menschen so alles zustößt. Da muss man doch Angst bekommen.« Ist das wirklich wahr?

Es stimmt zwar, dass diese Dinge geschehen, aber kümmerst du dich auch um die Frage, warum sie geschehen? Und warum die einen davon betroffen sind und die anderen nicht? Warum die einen ständig von Angst getrieben werden und die anderen entspannt, fröhlich und voller Vertrauen durchs Leben gehen? Doch, die gibt es auch und diese Fraktion wächst jetzt sehr schnell. Das sind Männer und Frauen, die verstehen, dass der Mensch seine Ängste selbst erschafft oder sie von anderen übernimmt, und die in kurzer Zeit lernen, sich um ihre eigenen Ängste auf eine neue Weise zu kümmern und sie zu verwandeln – und zwar in Freude und Vertrauen. Denn sie haben verstanden, dass Ängste nichts Schlimmes und kein Schicksal sind, unter denen man sein Leben lang leiden muss. Heute lebt die Mehrheit der Menschen in einer selbst erschaffenen Hölle, aber eine immer größer werdende Minderheit im Himmel auf Erden. Du hast jetzt die Wahl zwischen Hölle und Himmel, zwischen Angst und Freiheit.

Ängste sind Energien, die wir selbst erschaffen haben und täglich nähren durch unsere normalen, Angst aus-

**lösenden Gedanken über das Leben und unsere Mit-
menschen.** Begonnen haben wir damit in frühester
Kindheit, als wir mit unseren Eltern und anderen Erwachsenen konfrontiert wurden, die uns nicht so annehmen und lieben konnten, wie wir waren. Das hat
jeden von uns zutiefst verunsichert und geschockt.
Hinzu kam, dass ihre Gedankenwelt vollgestopft war
mit Angst machenden Gedanken. Als Kinder auf die
Eltern angewiesen, mussten wir glauben, was sie sagten und dachten. Und so übernahmen wir einerseits
ihr Lebens- und Menschenbild, andererseits auch ton-
nenweise ihre Ängste. Denn ein Kind kann sich nicht
vor den Emotionen derer schützen, von denen es abhängig ist. Die Ängste unserer Eltern und unserer Vorfahren, die von Generation zu Generation weitergereicht
wurden, sitzen uns heute tief in den Knochen.

Wenn ein Kind hört: »Pass auf, dass dir nicht dies
oder jenes geschieht«, wenn ihm eingebläut wird »Du
musst dies oder jenes schaffen«, dann beginnt es, diese
Gedanken zu übernehmen und denkt: »Ich muss auf-
passen, ich muss es schaffen, ich muss mich anstrengen, ich könnte sonst ...« Solche und viele andere Gedanken erzeugen Angst. Das bedeutet: Wir erschaffen
und vermehren unsere Ängste durch unsere Gedanken.
Da wir jedoch weitgehend unbewusst denken, bemerken wir diesen schöpferischen Vorgang nicht. Nur das
Ergebnis, unsere Ängste, spüren wir mit der Zeit mehr
und mehr, und sie suchen uns vor allem in der Nacht
heim.

Die Grundhaltung des Normalmenschen ist daher von
Angst durchtränkt. Darum hat er ein verzweifeltes Be-

dürfnis nach Sicherheit, schließt Versicherungen und Verträge ab, will möglichst viel in seinem Leben unter Kontrolle bringen. **Je größer aber der Wunsch nach Berechenbarkeit, Kontrolle und Sicherheit in einem Menschen ist, desto größer müssen die Ängste sein, aus denen dieser Wunsch erwächst.** Wer nach Sicherheit ruft, ist voller Ängste. Aber er kann sich ihnen stellen und lernen, sie bejahend fühlend zu verwandeln. Wie das praktisch geht, habe ich auf vielen CDs erläutert.

Wie sehr versuchst du, dich selbst, das Leben und deine Mitmenschen unter Kontrolle zu bringen? Wie viele Routineabläufe erkennst du in deinem Alltag? Wie re-agierst du auf unvorhergesehene Dinge: auf einen plötz-lich angekündigten Besuch, auf den Stau auf der Auto-bahn oder auf Verspätungen des Zuges, auf den du wartest. Wie sehr kümmerst du dich darum, was dein Partner, deine Tochter oder dein Sohn den ganzen Tag tun, mit wem sie zusammen sind und wo sie gerade stecken. Wie oft bist du mit Aufräumen und Sauber-machen beschäftigt, wie wichtig ist dir eine picobello aufgeräumte Wohnung?
Wie oft machst du dir Sorgen um dies und jenes? Zum Beispiel um deine Liebsten? Besonders die Mütter haben das Sich-Sorgen-Machen (in der Tradition ihrer Mut-ter) zu einer ihrer wichtigsten Lebensaufgaben erko-ren und merken nicht, was sie damit anrichten, bei ihren Partnern, ihren Kindern und in ihrem eigenen Körper. Dieses sich Sorgen ist eine der verrücktesten Angewohnheiten. Der sich oft oder ständig sorgende Mensch tut so, als würde er Sicherheit schaffen, und

sieht nicht, dass er genau das Gegenteil erreicht und seine Mitmenschen damit erheblich belastet, falls diese sich nicht bewusst davon abgrenzen können. Mütter halten es sogar für ein Zeichen von Liebe, wenn sie sich Sorgen um Kinder, Partner und Eltern machen. Nein, liebe Mütter! Es ist nur das Verdrängen eurer eigenen, nicht eingestandenen Ängste, die ihr euren Mitmenschen auf die Schultern legt. **Jede Sorge ist eine Energie, mit der wir den anderen energetisch belasten und den eigenen feinstofflichen Körper vergiften. Das chronische Sich-Sorgen-Machen ist also nichts weniger als eine geistige Umweltverschmutzung, die niemandem dient, sondern beiden Parteien schadet.**

Angst ist also kein Schicksal, das vom Himmel fällt. Angst ist angelernt und von anderen übernommen. Und das Gegenteil von Angst heißt nicht Mut, wie viele denken mögen, sondern Liebe. Wo Angst ist, da fehlt es an Liebe, da wird etwas noch nicht geliebt. Die Angst steht zur Liebe in einem Verhältnis wie die Dunkelheit zum Licht. Zünden wir in der Dunkelheit eine Kerze an, verschwindet die Dunkelheit. Bringen wir in den Raum der Angst Liebe hinein, muss die Angst weichen. Angst kann also auch als ein »Vakuum der Liebe« bezeichnet werden, als ein Ort, an dem noch keine Liebe ist.

Solange wir uns unseren Ängsten nicht stellen, sie stattdessen verdrängen, uns von ihnen ablenken oder sie mit Pillen unterdrücken, vermehren wir sie. Auf diese Weise entstehen aus chronisch verdrängten Ängsten Panikattacken, wie aus ständig unterdrückter Trauer

Depressionen werden. Die Medizin will das (noch) nicht zur Kenntnis nehmen. Lieber forscht sie mit hohem Aufwand danach, was sich chemisch im Gehirn eines Depressiven verändert, um dann wieder ein Arzneimittel produzieren und verkaufen zu können. Wer kann ein Interesse daran haben, dass wir Angst, Panik und Depression wirklich erfolgreich überwinden? Niemand sonst als der, der davon betroffen ist

Der Normalmensch will leiden. Auch wenn er diese Entscheidung für das Leiden unbewusst trifft, es ist seine Entscheidung. Und weil er selbst für die Erschaffung seiner Ängste verantwortlich ist, kann auch nur er selbst sie verwandeln. Dem Normalmenschen erscheint Angst als ein Problem, dem er hilflos ausgeliefert ist, dagegen ist sie für den aufgeklärten, verstehenden Menschen einer der größten Türen in die Freiheit. Die Verwandlung von Ängsten und anderen Gefühlen ist ein Kernstück in der von mir entwickelten Transformations-Therapie, in der ich seit 2002 Therapeuten ausbilde. Und diese Methode ist so einfach, dass man sie Kindern und Jugendlichen in kurzer Zeit beibringen kann. Meine erste CD für Jugendliche, »Ich habe Angst – aber nicht mehr lange«, stößt bei ihnen und bei Lehrern, die ihren Schülern praktische Lebenshilfe bieten wollen, auf sehr positive Resonanz.

Ohne deine Vergangenheit
bist du sofort frei

Was denkst und fühlst du in Bezug auf die Zeit in deinem Elternhaus und die Jahre oder Jahrzehnte danach? Unser Verstand sagt uns: Das ist lange her. Was soll ich darin noch herumrühren, das ist doch vorbei, oder? Warum soll ich das wieder hochkochen? Hinter dieser Ansicht steckt ein großer Irrtum des angeblich »gesunden Menschenverstandes«. Denn deine Vergangenheit ist in dir gespeichert, und zwar so, wie du sie damals erlebt hast. Sie steckt nicht in deinem Fotoalbum, sondern in deinen Zellen. Und wer (noch) nicht bereit ist, sich um die Veränderung dieser Vergangenheit in ihm zu kümmern, der wiederholt jene leid- und schmerzvollen Erfahrungen immer wieder und wundert sich darüber, falls er es überhaupt merkt.

Schau dir besonders deine Kindheitserfahrungen mit Mutter, Vater und Geschwistern genau an. Wie bereits gesagt, jeder Augenblick, den du seit deiner Zeugung erlebt hast, ist absolut lebendig in dir gespeichert, und zwar so, wie du ihn damals erlebt hast. Jede Zurückweisung, jedes Verlassenwerden und Alleinsein, jeder Moment der Enttäuschung, als du nicht geliebt, sondern kritisiert oder gar geschlagen wurdest, ist mit all deinen Gefühlen und deinen Gedanken wie auf einer großen Festplatte in dir gespeichert und abrufbar. Da diese ersten Jahre und oft Jahrzehnte aber sehr schmerzhaft für uns gewesen sind – ich behaupte, die Kindheit ist die schwerste Zeit im Leben eines jeden Menschen –, wollen wir nicht daran erinnert werden, denn wir wollen diesen Schmerz nicht noch einmal erleben. Wir sind Weltmeister im Verdrängen. Doch Verdrängen schützt nicht vor neuem Leid, im Gegenteil. Wer es abschiebt in die Dunkelkammer seines Unbewussten, der stellt die Weichen dafür, dass sich die Erfahrungen seiner Kindheit in seinen Beziehungen und an seinem Arbeitsplatz ständig wiederholen.

Fast alle Menschen tragen einen schweren Rucksack auf ihrem Rücken, auf dem steht: »Meine Vergangenheit«. Und weil in diesem Rucksack sehr viel Unfriedliches enthalten ist, wiegt er sehr schwer. Es ist nicht die Vergangenheit an sich, die ihn schwer macht. Es ist unser Unfriede mit ihr und mit uns selbst. Alle die Vorwürfe und Verurteilungen, die wir uns selbst und vor allem unseren Eltern gegenüber gemacht haben, liegen wie schwere Wackersteine in diesem Rucksack auf unserem Rücken. Niemand zwingt uns, diesen Rucksack zu schleppen, aber dennoch tun wir es, weil wir glauben, Vergangenheit sei nicht veränderbar. Für die Fakten, das konkrete Geschehen in Kindheit, Jugend und den Jahren unserer ersten Beziehungen stimmt das auch. Aber es stimmt nicht für das, was wir bis heute über das Erlebte denken und fühlen. Solange wir mit unserer Vergangenheit im Elternhaus oder auch in unserer ersten Ehe nicht im Frieden sind, machen wir uns damit auch heute noch das Leben schwer.

Darum appelliere ich an jeden Einzelnen: Mach Frieden mit allem in der Vergangenheit, womit du bis heute nicht im Frieden bist. Befreie dich von den Wackersteinen einer unfriedlichen Vergangenheit und du schaffst die Grundlagen für eine glückliche Zukunft. Selbst wenn du in deiner Kindheit geschlagen, missbraucht, verlassen oder gedemütigt wurdest, niemand kann dich davon abhalten, mit dieser schweren Periode deines Lebens in den Frieden zu gelangen.

Als Kind konntest du nicht frei wählen und mit fünf Jahren zu deinem Vater sagen: »Du, Alter, bei euch gefällt's mir nicht. Ich ziehe aus.« Das Leben jedes Kindes – auch im »besten Elternhaus« – ist durch Abhängigkeit, folglich Unfreiheit geprägt. Jedes Kind muss sich den Erwartungen und Forderungen der Eltern anpassen beziehungsweise auf sie reagieren. Selbst das rebellische Kind wendet extrem viel Kraft auf, um durch seine Rebellion, sein lautes »Nein« noch Aufmerksamkeit und damit Zuwendung zu erhalten. Denn Aufmerksamkeit ist seelische Nahrung für ein Kind, auch die Aufmerksamkeit negativer Art.

Dennoch ist es wichtig, allmählich zu begreifen, dass auch das unglückliche oder unter seinen lieblosen (das heißt unbewussten) Eltern leidende Kind selbst auch ein Schöpfer ist. Ich sage nicht, dass es sich das Leben mit seinen Eltern erschafft. Aber es reagiert auf die Aussagen und das Verhalten seiner Eltern mit eigenen Gedanken, die einen massiven Einfluss auf seinen späteren Lebenslauf als Erwachsener haben.

Ein Beispiel: Ein Kind, das öfter geschlagen wird, sagt innerlich nicht: »Meine Mutter sollte mal zum Therapeuten gehen, mit der stimmt etwas nicht!«, sondern denkt: »Mit mir stimmt wohl etwas nicht, sonst würde sie mich nicht schlagen.« Kinder denken anders als Erwachsene, da sie das Leben aus einer völlig anderen Perspektive betrachten. Was Mütter und Väter in den ersten Jahren zu ihren Kindern sagen, hat – wie schon erwähnt – eine nachhaltige Wirkung auf das kindliche Selbstbild. Das geschlagene Kind glaubt sogar: »Ich habe es wohl verdient, geschlagen zu werden. Ich bin halt nicht in Ordnung. Ich bin unartig, böse, faul …« Es beginnt auf diese Weise frühzeitig, sich innerlich mit vielen solcher Gedanken und Überzeugungen selbst zu schlagen und zu verurteilen. So ist es nicht verwunderlich, dass Mädchen, die geschlagen wurden, später gewalttätige Partner anziehen, die ihnen ihr Selbstbild wieder bestätigen, oder auch selbst zu schlagenden Müttern werden, weil sie das Geschlagenwerden in der Kindheit als »normal« empfanden.

Ich behaupte: Das größte Leid tut sich der Mensch selber an. Er leidet letztlich nur an sich selbst, auch wenn es vordergründig so aussieht, als sei er das Opfer seiner Mitmenschen. Aber das stimmt nicht, wenn wir hinter die Oberfläche des Geschehens schauen. Da wir in der Kindheit abhängig waren, mussten wir uns als Opfer der Umstände und unserer Eltern fühlen. Mit dem Auszug aus dem Elternhaus haben wir dieses Opferbewusstsein jedoch nicht abgelegt wie ein altes Kleid. Über Jahre genährte Überzeugungen haben eine große Kraft in uns entwickelt, sie schimmeln nicht vor sich hin. Wir müssen sie uns bewusst machen, wenn wir zu aktiven Schöpfern und Gestaltern unserer Lebenswirklichkeit werden wollen. Und die Wunden, die aus Verletzungen, Zurückweisungen und Enttäuschungen in der Kindheit entstanden, heilen nicht automatisch. **Das alte Sprichwort »Die Zeit heilt alle Wunden« irrt: Die Zeit heilt gar nichts, sondern ermöglicht uns nur, tief nach innen zu verdrängen, was wehtut.**

So wartet die Vergangenheit fast aller Menschen heute darauf, von ihnen selbst endlich geklärt und in einen friedlichen Zustand überführt zu werden. In meinen Seminaren stelle ich manchmal ein Schild auf mit der Aufschrift: »Für eine glückliche Kindheit ist es nie zu spät.« Das klingt für den Verstand absurd, aber unser Herz versteht diesen Satz. Denn auch die unglücklichste und schmerzhafteste Kindheit, die in uns gespeichert ist, kann durch Erkenntnis, Verstehen und Vergeben in Frieden und Freude verwandelt werden. Nach meinen Seminaren erlebe ich immer wieder, wie innerhalb kurzer Zeit aus damals misshandelten, geschlagenen, missbrauchten Kindern glückliche Erwachsene werden, die mit ihren Eltern und ihrer Kindheit völlig im Frieden sind und zu freudigen, kraftvollen Schöpfern ihrer Lebenswirklichkeit werden.

So kümmert sich der »normale« Mensch nicht um seine Vergangenheit, die er wie einen Rucksack durchs Leben schleppt. Der erkennende Mensch hingegen, der sich ihr mit Liebe zuwendet, erfährt, dass er sich von seiner Vergangenheit befreit und dadurch erst im Hier und Jetzt ankommt. Jetzt erst beginnt sein eigentliches

Leben. Ein Satz, der mich in diesem Zusammenhang sehr berührt hat, geht sinngemäß »Erst dann, wenn du mit Vater und Mutter so sehr im Frieden und versöhnt bist, dass sie sich in dir noch einmal vereinigen, dann wirst du zum zweiten Mal geboren.« Und diese zweite Geburt ist die wichtigere Geburt in ein neues Bewusstsein als ein liebender, freudiger Mensch, der tief in sich weiß: Alles hatte einen Sinn und alles ist gut!

Das tut man nicht!

Wir haben bereits früh gelernt, genau darauf zu achten, was andere für »richtig« oder »falsch« halten. Das geschah in der Zeit unserer Abhängigkeit von anderen. Und es war damals klug von uns, sonst hätten wir diese Zeit psychisch (und manchmal auch physisch) nicht überlebt. So haben wir über viele Jahre in Kindheit und Jugend gelernt, der Kritik und Zurückweisung unserer Eltern zu entgehen und uns möglichst so zu verhalten, dass sie mit uns zufrieden waren, uns lobten oder uns zumindest nicht kritisierten und herabsetzten. Diese Zeit der Anpassung an die Wünsche und das Denken anderer ist zwar lange her. Das eingeübte Verhalten jedoch, die möglichen negativen Reaktionen anderer auf uns abzuschätzen, um Kritik und Verletzung zu vermeiden, hat sich uns tief eingeprägt und bestimmt weitgehend unser Leben mit unseren Mitmenschen.

Viele Kinder rebellieren eine Zeit lang gegen die Gebote, Verbote und Normen von Eltern, Kindergärtnern, Lehrern und anderen. Höhepunkte dieses Verhaltens finden sich einerseits in der sogenannten Trotzphase bei Kleinkindern, andererseits in der Pubertät. In einer solchen Phase sagen sie oft schon »Nein«, bevor sie überhaupt gehört haben, was jemand sich von ihnen wünscht. Das rebellierende Kind zieht hieraus den Nutzen, durch sein Verhalten mehr Beachtung zu bekommen als das angepasste. Außerdem hilft es ihm, herauszufinden, was es selbst will. Das gelingt den meisten Menschen im Laufe ihres ganzen Lebens nicht. Sie spüren zwar oft, dass das, was sie machen und wie sie leben, ihr Herz nicht gerade zum Singen bringt. Aber sie bringen nicht den Mut auf herauszufinden, was sie selbst für ihr Glück tun und wer sie sein wollen im Leben.

Auf diese Weise entsteht die Spezies, die ich »Normalmensch« nenne. Sie passt sich im Geist schon vorbeugend dem an, was die anderen von ihr wollen beziehungsweise nicht sehen oder hören wollen. Viele von uns kennen den Satz: »Was sollen die Nachbarn nur sagen?« Wie kaum ein anderer zeigt er, dass wir bitte nicht unangenehm auffallen wollen. Niemand soll schlecht über uns denken und auch nicht erfahren, wie es wirklich um uns steht. So haben wir uns zu Anpassern entwickelt, die nicht ihre eigenen Impulse, Sehnsüchte und Herzenswünsche an die erste Stelle setzen, sondern ängstlich darauf achten, nicht aufzufallen oder gut bei anderen anzukommen. Das hat unsere Herzen sehr traurig gemacht und diese Trauer spiegelt sich auf den Gesichtern der meisten Menschen wider.

Der normale Verstand wendet hier oft ein: »Ja, aber ein Mindestmaß an Anpassung muss doch sein. Wo kämen wir denn hin, wenn jeder machen würde, was er will!?« Ja, wo kämen wir da hin? Was glaubst du selbst? **Mein Herz sagt, dass wir im Paradies landen** würden, wenn jeder Mensch genau das machen würde, was sein Herz sich wünscht. Ich sage nicht »was er will«, sondern »was sein Herz sich wünscht«. Und das ist der entscheidende Unterschied. Das Problem ist, dass viele Menschen dies (noch) nicht wissen, weil sie keinen lebendigen Draht zu ihrem Herzen haben. Denn das Herz handelt immer aus der Liebe, und wenn die Liebe fehlt, dann fühlt sich ein Verhalten für das Herz nicht stimmig an. Der Wille des Verstandes aber handelt sehr oft aus der Erlebniswelt des verletzten Kindes in uns, das voll ist von Wut, Angst, Trauer und anderen bis heute verdrängten Gefühlen. **Wenn jeder das machen würde, was sein inneres verletztes Kind will, dann landen wir ungefähr dort, wo wir jetzt stehen: in einer selbst erschaffenen Hölle mit Auseinandersetzungen und vielen Verletzungen, mit Gewalt, Diebstahl, Betrug, Mord und so weiter. Jede Zeitung ist voll davon.**

Es macht also weder Sinn, sich dem anzupassen, was »man« tut oder nicht tut, noch macht es uns zu glücklichen Wesen, einfach das auf unbewusste Weise zu tun, wonach uns gerade ist. Denn hinter diesem »uns« stecken meist die verletzten, ängstlichen, traurigen oder wütenden kleinen Kinder in uns, die uns zu lieblosen Gedanken und Handlungen antreiben. Der Mensch, der sich dieses inneren Kindes nicht bewusst ist und sich seiner nicht annimmt und nicht lernt, es zu lieben, der wird von ihm beherrscht. Dieses kleine Mädchen in der Frau und der kleine Junge im Mann handeln nicht aus dem Bewusstsein der Liebe, sondern aus der

Erfahrung, nicht genug Liebe bekommen zu haben, zu kurz gekommen oder enttäuscht, verletzt und missbraucht worden zu sein. Solange diese Wunden nicht geheilt sind, wird das Zusammenleben dieser Menschen mit anderen sehr schmerzlich sein.

Und solange uns dieser Zusammenhang nicht bewusst ist, werden wir immer versuchen, es anderen Menschen recht zu machen, aber nicht das zu leben, was uns zu Freude, Glück und Erfüllung führt. Dahinter ist unschwer die Suche und Sucht nach Anerkennung, Bestätigung und Liebe zu erkennen und der Versuch, Kritik und Zurückweisung zu vermeiden. **Frage dich bitte selbst ehrlich: Wo in meinem Alltag mache ich das, was andere von mir wollen? Wo verrate ich mein Herz in meiner Beziehung zum Partner, zu meinen Eltern, zu Freunden und Mitmenschen? Wo sagt mein Verstand: »Ich kann ja nicht anders, ich muss …« Diese Art Inventur des Selbstverrats ist der erste Schritt in deine Freiheit.** Dazu gehört Aufrichtigkeit, Mut und Zeit zur Besinnung. Nimm dir diese Zeit und prüfe sehr genau, in welchem Lebensbereich und bei welchen Menschen du nicht ganz du selbst bist, wo du dich verstellst, wo du nicht deine wahre Meinung sagst oder etwas lebst, was du nicht wirklich willst und was dich nicht glücklich macht.

Wer froh und aufrecht durch sein Leben gehen will, darf sich für Aufrichtigkeit sich selbst gegenüber entscheiden. Wer diese Ehrlichkeit in Bezug auf sich nicht pflegt, belügt letztlich auch seine Mitmenschen. Es ist menschlich und verständlich, dass wir uns oft über Jahrzehnte selbst betrügen, weil wir uns nicht trauen, unseren ganz eigenen Weg zu gehen. Und es kann schmerzlich sein, auf Jahrzehnte zurückzuschauen, in denen nicht wir selbst im Zentrum unserer Aufmerksamkeit und Liebe standen, sondern in denen wir uns um andere gekümmert und uns nicht selten für sie aufgeopfert haben. Dieses Opfer lohnt sich nie. Zurück bleiben frustrierte, wütende oder traurige Menschen, die oft am Ende ihres Lebens erkennen, dass sie es versäumt haben, sich selbst zu lieben und ihren ganz eigenen Weg zu gehen.

Es erfordert Mut, diesen eigenen Weg zu beschreiten und auszuscheren aus der breiten, angepassten Masse, weil dich die anderen nicht immer dafür loben werden. Denn es macht ihnen Angst, wenn jemand das alte Spiel nicht mehr mitmacht. Vielleicht hast du selbst schon einmal den Vorwurf gehört: »Du bist doch nicht mehr ganz normal!« oder »Du bist ja verrückt!« Und ich wünsche dir, dass du hierauf in Zukunft ohne Zynismus und liebevoll antworten kannst: »Danke für das Kompliment!« Wir brauchen heute mehr denn je solche »Verrückten«, die abrücken von den eingefahrenen Schienen der Normalität, und anderen Mut machen und ein leuchtendes Beispiel dafür abgeben, dass nur dieser Weg zu Freude, Begeisterung und einem erfüllten Leben führt. Wir tun das nicht gegen andere, sondern für uns. Trotzdem ist es kein Egoismus, der sich dahinter verbirgt, im Gegenteil. **Der Mensch, der mutig und liebevoll dem folgt, was die Stimme seines Herzens ihm sagt, und aufhört, sich für ein wenig Anerkennung zu verbiegen, dieser Mensch ist es, der** jetzt im anbrechenden neuen Zeitalter gebraucht wird. Er ebnet der Wahrhaftigkeit und der Liebe den Weg und wird zum glücklichen Vorbild seiner Mitmenschen. Entscheide dich also bewusst, ob du diesen neuen Weg gehen willst. Der Lohn, der dir winkt, ist unendlich groß.

Bereits einige Tausend Menschen haben sich in den letzten zehn Jahren von meinen Vorträgen und Meditationen auf CD, die man kostenlos kopieren und verschenken darf, und von meinen Artikeln und Büchern ermutigen lassen, den unbewussten und lieblosen Weg der schlafenden und blinden Masse zu verlassen. Sie haben aufgehört, mit ihrem Herzen Kompromisse zu schließen und das zu tun, was andere von ihnen erwarten. Und immer wieder haben sie festgestellt, dass ihre bisherigen Freunde und ihre Angehörigen ihnen den Rücken kehrten oder gar massiven Druck auf sie ausübten, um sie auf den alten Weg zurückzuzwingen. Es war für manchen eine schmerzhafte Erfahrung, dass man nur geliebt oder gemocht wurde, weil man nicht gegen die Clubregeln der ängstlichen Normalmenschen verstieß. Liebesentzug, Ausgrenzung, Verleumdung oder verbale Angriffe gehören zum Standardrepertoire in Familien, Firmen, Nachbarschaften und Bekanntenkreisen. Wenn bei uns jemand den Weg B geht statt den Weg A, den die Mehrheit geht, dann wird er dafür verurteilt. Das hohe Maß an Intoleranz, das mutigen Menschen, die ihren eigenen Weg gehen, entgegenschlägt, zeigt, wie groß die Angst in jenen sein muss, die sie ausgrenzen und verurteilen.

Die gute Nachricht für die Mutigen ist jedoch, dass sie nach einer Weile Menschen anziehen, die sich auf einem ähnlichen Weg befinden, die den anderen verstehen. Sie haben kapiert, dass der Weg zu wirklichem Lebensglück, zu innerem Frieden, großer Freude und einem Höchstmaß an Freiheit nur zu gewinnen ist, wenn man sich für das eigene Herz und damit für Wahrhaftigkeit, Aufrichtigkeit und Liebe entscheidet und nicht für die Gebote und Verbote des normalen, des ungesunden, weil meist verwirrten und domestizierten Menschenverstandes. Sie sind die Pioniere des neuen Zeitalters der Liebe, an dessen Beginn wir jetzt stehen. Willst du zu ihnen gehören?

Du solltest dich schämen!

Die wenigsten Menschen sind stolz auf das, was sie sind und was sie in ihrem Leben alles geschafft und erfahren haben. Kaum jemand von uns hat erlebt, dass Vater oder Mutter sagten: »Kind, ich bin stolz auf dich. Du hast das toll gemacht!« In unserer Gesellschaft wurde und wird viel mehr Wert darauf gelegt, das Kind zu korrigieren und zu kritisieren und dessen eigenen Willen zu brechen. Natürlich geschieht alles angeblich zum Besten des Kindes, aber Eltern, Erzieher und Lehrer können nicht anders, solange sie sich selbst und ihren eigenen Weg nicht würdigen. So wird Kindern bis heute in Elternhaus, Kindergarten und Schule das Gefühl der eigenen Würde genommen. Und als Reaktion auf die unzähligen abwertenden, herabsetzenden Äußerungen und Sanktionen beginnt das Kind und später der Jugendliche, sich selbst seine Würde und seinen Stolz zu nehmen. **Wer nicht stolz auf sich ist und sich nicht loben kann, ist verständlicherweise auch nicht in der Lage, den anderen zu loben, und sei es das eigene Kind.**
Der Mensch, der nicht stolz auf sich und seine Lebensleistung ist, steckt voller Scham- und Schuldgefühle. Diese Gefühle werden von einer Vielzahl von Gedanken erzeugt und weiter genährt. Erinnere dich noch

einmal daran, wie oft du in deiner Kindheit beschämt, abgewertet und lächerlich gemacht wurdest. Erinnerst du dich an Schulszenen, in denen man dich vorführte und die Mitschüler dich dann ausgelacht haben? Kennst du Sätze wie »Schäm dich!« oder »Was glaubst du eigentlich, wer du bist!«? Im Leben aller Kinder gibt es zahlreiche schmerzhafte Momente, in denen sie am liebsten im Erdboden versinken oder weglaufen möchten, weil das Urteil der Erwachsenen für sie niederschmetternd, entehrend und entwürdigend ist. In der Folge beginnen wir, uns selbst in unserem Denken die Würde zu nehmen und uns selbst zu hassen. Die Verurteilung durch andere führt in jedem Kind zur Verurteilung durch sich selbst.

Wenn uns etwas peinlich ist, dann produzieren wir in uns Scham-Energie und oft genug steigt sie uns als Schamesröte ins Gesicht und jeder kann dann auch noch sehen, was mit uns los ist. Obwohl wir uns am liebsten eine Tarnkappe aufsetzen oder uns verkriechen oder in Luft auflösen wollen, zeigt der knallrote Kopf allen deutlich, dass in uns das Feuer der Scham brennt und wir nicht zu uns selbst stehen können. Da uns dieses Schamgefühl äußerst unangenehm ist, tun wir alles, um es zu verdrängen. **Deshalb sind sich viele Erwachsene überhaupt nicht bewusst, wie sehr sie sich für sich selbst schämen. Ohne Übertreibung, vielen ist es geradezu peinlich, dass es sie gibt.**
In unserer Zeit hat eine große Anzahl Frauen, aber auch Männer das Gefühl, in ihrem Leben sei vieles schiefgelaufen. Sie glauben, sie hätten es versemmelt

und es eigentlich viel besser machen müssen. Der Normalmensch glaubt, er habe so viele Fehler gemacht, und er kann sich das nicht verzeihen. Auf seinem inneren Konto türmen sich die Summen seiner Schuld und Scham und infolgedessen fühlt er sich minderwertig und schlecht. Frauen und Männer werfen sich ihre »gescheiterten« Liebesbeziehungen und Scheidungen vor, ihre Geldverluste, ihre Rückschläge oder Konflikte am Arbeitsplatz, ihre unfriedliche Beziehung zu den Eltern, ihren oft kranken oder nicht mehr so schlanken und schönen Körper, die unerwünschte Entwicklung ihrer Kinder und manches mehr. Sie verzeihen sich nicht, dass ihr Leben derart anders verlaufen ist, als sie es sich einmal erträumt haben. Aus dieser inneren, aber meist unbewussten Haltung erwachsen Hader, Groll und Aggression gegenüber uns selbst.

Da es aber kaum ein Mensch aushält, ständig mit dem Bewusstsein herumzulaufen, er sei gescheitert, verdrängen wir solche Gefühle so gut wir können, bis diese sich in einer aggressiven Grundhaltung entladen. Dies können wir überall beobachten, besonders im Straßenverkehr, in Firmen und Schulen, Familien und Organisationen und nicht zuletzt in der Politik. Weil wir Angst haben, uns wieder einmal zu blamieren und von anderen abgelehnt, ausgegrenzt oder ausgelacht zu werden, gehen wir schon vorbeugend »in Deckung« und vermeiden es tunlichst, unseren Kopf aus dem Fenster zu stecken und uns so zu zeigen, wie wir wirklich sind. Wir verstecken in der Regel gerade das, was das Besondere an uns ist.

Es ist unsere Wahl, wie wir auf unseren bisherigen Lebensweg zurückschauen und wie wir ihn bewerten. Der normale Mensch übernimmt blind die Meinung der Masse, die an Fehler glaubt. Anstatt von »Fehlern«, können wir auch wählen, von »Erfahrungen« zu sprechen. Wir sind hier, um die unterschiedlichsten Erfahrungen zu machen, und alle Erfahrungen sind wertvoll. Unser Verstand ist jedoch darauf trainiert, die angenehmen Erfahrungen zu würdigen und die unangenehmen zu verurteilen und zu glauben, diese hätten nicht sein müssen. Das ist jedoch Unsinn. Die einen wären ohne die anderen nicht denkbar.

Wenn Ingenieure ein neues Gerät entwickeln, ob ein iPhone oder ein Auto, dann gehen sie von verschiedenen Ansätzen aus, die größtenteils wieder verworfen werden. Aber sie verurteilen sich nicht dafür, nicht schon beim ersten Ansatz die Lösung gefunden zu haben. Und wenn wir bei einem Fußballspiel die Summe aller Fehlpässe höher bewerten würden als die gefallenen Tore, dann wäre das genau so verrückt, wie die meisten Menschen ihr Leben betrachten.

Jede unserer Erfahrungen ist aus Sicht unserer Seele wertvoll und kostbar und sie will angenommen und gewürdigt werden. Wer unangenehme Erfahrungen grundsätzlich verurteilt und sie vermeiden will, der lebt nicht sein Leben, ja, der verpasst das Leben.

Der Reklamierer und
der Trotzkopf

Wenn sich Menschen darüber unterhalten, was ihnen im Alltag widerfahren ist, können wir nicht nur an ihren Worten, sondern oft schon an ihrem Tonfall hören, dass sie sich ständig über andere Personen und das Leben beschweren. Sie glauben, das Leben hätte sie – im Unterschied zu anderen – ungerecht behandelt. Diese Beschwerdeführer sprechen häufig in einem Reklamationston, wie jemand, der empört ein Gerät ins Geschäft zurückbringt, das nicht richtig funktioniert. Sie sind überzeugt, zu kurz gekommen zu sein, und das Leben müsse sich eigentlich bei ihnen entschuldigen, denn es habe ihnen etwas Falsches geliefert. Und oft fangen ihre Sätze mit »Aber ...« an. Achte einmal auf die Stimmlage, mit der Menschen die angeblichen Ungerechtigkeiten und Fehler des Lebens beklagen. Sie zetern und schimpfen gern und merken nicht, was sie sich damit antun.

Sie glauben, das Leben schulde ihnen etwas, auf das sie jetzt Anspruch erheben und das sie geradezu fordern. Sie können noch keinen Zusammenhang sehen zwischen dem, was sie mit ihren Gedanken, ihrer gesamten Einstellung zum Leben, zu sich selbst und den anderen ausstrahlen, und dem, was das Leben ihnen daraufhin zurückschickt. Sie wollen in der Regel nichts

davon wissen, dass sie für ihr Leben selbst verantwortlich sind. Ihre Grundemotionen sind Ärger, Wut
und oft Trotz, Groll und Hader. Sie verhalten sich wie
kleine Kinder, die wütend von ihren Eltern fordern,
ihren Launen zu folgen und ihre Wünsche zu erfüllen.
Sie hadern mit dem Leben, aber erkennen nicht, dass
sie in Wirklichkeit mit sich selbst hadern und in einem
inneren Krieg mit sich liegen.

Das Leben selbst kann sich nicht anders vor unseren
Augen zeigen, als so wie es das tut. Wenn du in eine
Wurstmaschine vorn Schweinefleisch hineingibst, kann
am Ende keine Kalbswurst herauskommen. Wie der
Input, so der Output, was du säest, das erntest du.
Über den Input, die Qualität und Ausrichtung unserer
Gedanken, über unsere Grundhaltungen und Überzeugungen legen wir uns selbst jedoch keine Rechen-
schaft ab. Wären wir uns bewusst, was wir von morgens bis abends über uns und unsere Mitmenschen
und über das Leben denken, dann wüssten wir, dass
wir mit etwas zeitlichem Abstand die entsprechenden
Antworten des Lebens erwarten dürfen. Denn das
Leben läuft nach klaren Gesetzmäßigkeiten ab. Es gibt
kein Glück, kein Pech und kein Schicksal, sondern nur
sinnvolle Zusammenhänge, die jeder erkennen kann,
der neugierig, offen und vorurteilslos hinschauen will
und bereit ist, das anzunehmen und anzuerkennen,
was sich jetzt gerade in seinem Leben zeigt.
Den Sinn einer Erfahrung können wir nur dann erkennen, wenn wir uns dafür öffnen, dass im Leben alles
einen Sinn hat, weil hier das Prinzip von Ursache und

Wirkung herrscht. Bei vielen Vorgängen können wir den Sinn relativ schnell sehen, bei anderen braucht es dazu mehr Zeit. Wenn Menschen dich nicht liebevoll behandeln, dann frage dich, wie du dich selbst behandelst, ob du dich selbst liebst, ehrst und würdigst. Wenn du deinen Arbeitsplatz verlierst, dann frage dich, mit welcher Einstellung du diese Arbeit getan und wie du über die Firma und deine Arbeit gedacht hast, oder ob es jetzt vielleicht Zeit ist, einen völlig neuen Abschnitt in deinem Leben zu beginnen, weil du das Bisherige lange genug gemacht hast. Wenn dein Körper krank ist, frage dich, was du über ihn denkst und fühlst und wie du ihn über lange Zeit behandelt hast. Wenn dein Partner dich verlässt, frage dich, ob du ihn so geliebt hast, wie er ist. Oder hast du versucht, ihn zu verändern oder ihn zu benutzen für deine eigenen Bedürfnisse? Ist eure Beziehung in Routine und Langeweile erstarrt? Habt ihr euch nur vertragen oder ertragen?

Was wir nicht lieben, das müssen wir verlieren. Denn die Liebe ist der verbindende Stoff, der alle Dinge zusammenhält. Was du wirklich liebst, das bleibt, wächst und gedeiht genau wie die Pflanze in deiner Wohnung. Schenke einmal einer einzigen Pflanze über ein paar Monate hinweg jeden Tag nur eine Minute besondere Aufmerksamkeit, indem du ihr dankst für ihr Dasein und sie lobst für ihre Schönheit, während du den anderen nur das notwendige Wasser gibst, sie aber sonst nicht beachtest. Du wirst dich wundern, wie diese Pflanze sich nach drei Monaten von den anderen unterscheidet.

Neben der weitverbreiteten Spezies der »Reklamierer« finden wir unter uns eine Menge »Trotzköpfe«. Auch sie glauben, das Leben habe sie nicht fair behandelt, aber sie verhalten sich anders. Anstatt laut anzuklagen und zu fordern, ziehen sich die Trotzköpfe lieber schmollend zurück und richten sich in ihrer inneren Trutzburg ein und denken: »Das Leben kann mich mal ... Es ist einfach ungerecht und unfair und ich habe beschlossen, ihm zu zürnen. Soll mich doch jemand hier, hinter den dicken Mauern meiner Trutzburg besuchen, aber ich weiß eh schon, dass niemand kommen wird.«

Diese Haltung war in der Kindheit sinnvoll, denn sie gab dem Kind eine vermeintliche Sicherheit, einen Schutz gegen die kalte oder lieblose Umwelt. Die Mauern jedoch, die mich vermeintlich schützen, halten mich zugleich von all der Liebe und den Geschenken ab, die mir das Leben schicken möchte. Niemand anderes als wir selbst kann diese Mauern einreißen. Nur wir können es wagen, uns wieder offen und verletzlich zu zeigen und die alten Wunden heilen zu lassen.

Finde heraus, mit welcher Grundeinstellung du dem Leben jeden Tag begegnest, und was du über das Leben denkst. Wenn du aufgrund deiner bisherigen Erfahrungen glaubst, das Leben sei ungerecht oder unfair, dann muss das Leben dir weiterhin ähnliche Erfahrungen schicken, denn du erwartest ja nichts anderes. Du kannst das Leben nicht verletzen, wenn du schlecht über es denkst. Du verletzt dich immer nur selbst.

Der ganz normale Mann

Die meisten Männer sind inzwischen so normal, so angepasst und brav geworden, dass sich die Frauen oft fragen: »Und das soll ein Mann sein?« Sie laufen mit gelangweilten, ängstlichen oder traurigen Gesichtern durch die Welt, lassen ihre Schultern hängen, können anderen nicht offen in die Augen schauen und sind nicht in der Lage, über ihre Gefühle zu sprechen. Am Morgen fahren sie in ihren farblosen Autos zur Arbeit, stecken in ihrer Uniform aus weißem oder blauem Hemd und meist gestreiften Krawatten und setzen sich mit Gedanken wie »Ich muss es schaffen!« unter Erfolgsdruck. Sie lieben nicht mehr das, was sie tun, und tun selten das, was sie wirklich gern tun würden.

Gleichzeitig unterdrücken sie seit der Kindheit ihre Gefühle von Angst, Trauer, Wut, Ohnmacht, Schuld und Scham, Neid und Eifersucht und sie reißen sich zusammen. Ihre Körper zeigen folgerichtig Spuren und Blessuren: Die Gelenke schmerzen, der Körper ist übersäuert, die Bandscheiben ächzen, im Ohr pfeift der Tinnitus, der Hörsturz schlägt Alarm und das Herz sticht, fordert einen anderen Rhythmus und droht mit Infarkt. Der Mann leidet an einem traurigen oder bereits gebrochenen Herzen. Um sich angeblich etwas Gutes zu tun, laufen die normalen Männer in die Muckibude oder hechelnd durch den Stadtpark, suchen den Kick im Marathon oder anderen Extremsportarten, um sich eine Scheinmännlichkeit vorzugaukeln, die ihnen Selbstbewusstsein und Halt geben soll.

Männer haben gelernt, ihre Schwächen und Schmerzen zu verdrängen, und halten durch, bis Körper und/ oder Psyche sie flachlegen. Burn-out-Syndrom, Depression und Panikattacken nehmen rapide zu und zwingen sie, sich endlich ihrem Innenleben zuzuwenden. Aber auch in dieser Verfassung versuchen die meisten noch, das Störende zu beseitigen, um bald wieder in die Tretmühle zu steigen. Tagsüber funktionieren und spuren sie, so gut es geht, und abends mutieren sie an der Türschwelle ihrer Wohnung entweder zum kleinen Jungen, zum Elefanten im Porzellanladen oder zum Tyrannen, der in den eigenen vier Wänden seiner unterdrückten Wut freien Lauf lässt. Den Vorwürfen und Forderungen ihrer Frauen fühlen sie sich meist hilflos und schuldbewusst ausgeliefert, bekommen die Zähne nicht auseinander und flüchten in Schweigen und Resignation, in den Keller, in die Garage, vor den Bildschirm von TV oder PC oder in eine der vielen Süchte. Dort suchen sie vergeblich die Leere zu füllen, die sich in ihnen breitgemacht hat. Und weil sie tagsüber nicht ausdrücken können, was sie in der Seele bewegt, müssen sie es nachts lautstark schnarchend der Welt verkünden.

In ihrem Innern sind sie aufs Höchste mit ihrer Mutter verstrickt, leiden bis heute an ihrem schwachen, in der

Kindheit abwesenden oder dominanten Vater, dessen Anerkennung und Liebe sie nie erhielten, und haben als Vierzig- oder Fünfzigjährige oft das Gefühl, ihr Leben vergeigt zu haben. Das wiederum können sie sich nicht offen eingestehen und müssen es vor sich selbst verstecken. Das Gefühl der Peinlichkeit und der Scham mischt sich mit Groll und Hader und macht sie im Außen, im Straßenverkehr oder in Auseinandersetzungen mit Frau, Kindern oder Kollegen aggressiv. Aber ihre Aggressionen zeigen nur, wie viele Ängste in ihnen rumoren.

In jedem Mann steckt ein kleiner Junge, der selten ein lebendiger, gefühlvoller Junge sein durfte, und dem niemand sagte, was ein richtiger Mann ist. Die rhetorische Frage »Du willst doch ein richtiger Junge sein, oder?« signalisierte ihm mit aller Deutlichkeit, dass ein verspielter, verletzlicher, ängstlicher, trauriger oder verträumter Junge nicht erwünscht war. Und Tränen waren das allerletzte für ihn. Deshalb verschloss er schon früh sein Herz, stoppte den Fluss von Gefühlen und Tränen und fing an, sich seinen Kopf darüber zu zerbrechen, wie er zu Anerkennung und Bestätigung und vielleicht zu etwas Liebe kommen könnte. So verlief der Weg der meisten Männer hin zum normalen Mann. Sie stürzten sich in die Arbeit, um Anerkennung und Bestätigung zu erlangen, die sie von ihren Vätern nie erhielten.

Der von sich und seinem Mann-Sein begeisterte Mann, der mit Liebe zu sich selbst und zu seinen Mitmenschen aufrichtig und aufrecht, mit klarem Verstand und warmherzig durch sein Leben geht, ist eine Spezies, die man unter Artenschutz stellen müsste, weil sie so selten bei uns anzutreffen ist. Der normale Mann jedoch steht heute mit dem Rücken zur Wand und fragt sich, was denn nur schiefgelaufen ist auf seinem Weg. Denn er hat doch versucht, es so gut wie er konnte und wie er es wusste zu machen. Die Anleitung zum Mann-Sein hieß: »Streng dich an, sei erfolgreich, verdiene gutes Geld, such dir eine Frau, schließe Versicherungen ab, nimm einen Kredit auf und zahl die Wohnung oder das Haus ab.« Unzählige Männer sind diesem Programm gefolgt, aber glücklich sind sie dabei nicht geworden, im Gegenteil. Sie marschieren und funktionieren wie seelenlose Wesen, wie Roboter, als Rädchen in einem Getriebe, das sie im Grunde hassen, und haben nicht das Gefühl, ein freier Mann zu sein. Selbst im Bett plagt sie der Leistungsdruck, wenn sie glauben, es einer oder ihrer Frau »besorgen« zu müssen. Infolgedessen entdecken jetzt immer mehr mit Schrecken, dass ihr kleiner Mann so wenig aufrecht steht wie sie selbst und immer öfter versagt, und für viele ist das die Katastrophe schlechthin.

Ein großer Teil der männlichen Bevölkerung ist heute zutiefst erschöpft und müde von einem einseitigen Weg voller Druck, Anstrengung und Selbstzweifel. Und da sie nie gelernt haben, ihr Herz zu öffnen und es jemandem auszuschütten, verzweifeln immer mehr hinter den dicken Mauern ihres Herzens und finden keinen Ausweg, bis dann Körper oder Psyche sie in die Waagerechte zwingen, damit sie endlich nach innen gehen und aufwachen. Oder die Männer verzweifeln vollends und nehmen sich das Leben (über dreimal mehr als Frauen). Auch wenn noch nicht alle in dieser Sackgasse gelandet sind, ist die Krise des »normalen Mannes« unübersehbar geworden und verschärft sich in diesen Monaten und Jahren rasant.

Der Mann steht jetzt am größten Wendepunkt in der Menschheitsgeschichte und die Männer aller Altersgruppen begreifen: Der alte Weg des Mannes ist nicht mehr gangbar. An der T-Kreuzung der Zeit stehend muss sich der Mann entscheiden, welche Richtung er jetzt einschlagen will. Augen zu und durch, aushalten, verdrängen und Schnauze halten ist jetzt nicht mehr drin. Und die treibenden Kräfte sind nicht in erster Linie die Frauen, sondern es sind das Herz und die Liebe im Mann selbst, die jetzt mobilmachen und ihm zurufen: »Jetzt reicht's, Mann!«
Diesem Ruf ihres Herzens beginnen Männer heutzutage immer häufiger zu folgen. Die Männer kommen jetzt und wachen auf, daran habe ich keinen Zweifel. Im Jahr 2010 nahmen allein an meinen Seminaren über 2000 Männer teil, und über 800 davon an reinen Männerseminaren. Und fast täglich erreicht mich ein von einem Mann ausgefüllter Fragebogen, der sich am Ende meines Männerbuches »So wird der Mann ein Mann!« befindet und das von Männern wie von Frauen begeistert aufgenommen wird. Hierin erkennt sich der Mann und versteht, warum er dort steht, wo er steht. Männer begreifen schnell und setzen das Begriffene auch um in neue Entscheidungen und Handlungen. Die meisten Frauen werden sich über diese Entwick-

lung des Mannes freuen und manche von ihnen wird in dieser Zeit überrascht feststellen, dass der Mann, über den sie so lange klagte, sie links überholt auf dem Weg, die Freude am Leben und die Liebe zu sich selbst wiederzufinden und sein Lebensglück in die eigenen Hände zu nehmen.

Die ganz normale Frau

Auch die Frauen haben wie die Männer miteinander sehr viel gemeinsam, was ihre eingefahrenen alten Muster, Verhaltens- und Denkweisen angeht. Wenn du, Frau, erkennst, wie eingewoben du noch bist in der Normalität des Gestern, im Käfig der Angst und der Selbstabwertung, und wie du täglich immer wieder einstimmst in den Schmerzgesang der Frauen und teilnimmst an ihren Kämpfen für dies und gegen jenes, erst dann kannst du die offene Tür sehen, die in ein ganz anderes Leben in Freiheit und Liebe führt.

Während das kleine Mädchen sich noch selbstverliebt drehend vor dem Spiegel bewundert, unbekümmert hüpft und singt, träumt und liebt, hat die erwachsene Frau ihre Freude und ihren Stolz am eigenen weiblichen Sein verloren. Dabei wollte sie es doch ganz anders machen als ihre Mutter, die ihr täglich demonstrierte, dass sie nicht noch einmal wählen würde, eine Frau zu sein, falls sie sich frei entscheiden könnte. Das Jammern, Klagen und Leiden der Mutter klingt den Frauen ihr Leben lang in den Ohren und die Schuldgefühle ihr gegenüber sowie die Verstrickungen mit ihr halten sie in großer Unfreiheit. Für die meisten hieß die Entscheidung in der Jugend: »Ich will es anders machen als sie! Ich will nicht so unter den Männern leiden, so abhängig sein, diese Ohnmacht und diesen Schmerz spüren müssen.«Seit den siebziger Jahren haben sich viele Frauen aufgemacht, sich von der Abhängigkeit vom Mann zu emanzipieren und ihre wirtschaftliche Unabhängigkeit durch eigene Berufstätigkeit zu sichern. Das Heimchen am Herd, das dem Mann die Pantoffeln hinstellt und ihren Schoß öffnet, wenn er pfeift, gehört – besonders in der jüngeren Frauengeneration – der Vergangenheit an. Stattdessen zogen viele Frauen die Hosen an, die oft eher einer Rüstung gleichkommt, und sind hart und männlich geworden. Sie kämpfen und strengen sich an, um zu beweisen, dass sie auf eigenen Füßen stehen können. Und sie können es – im Außen. In ihrem Innenleben sieht es bei den meisten jedoch etwas anders aus.

Im Alter zwischen fünfunddreißig und fünfzig Jahren bemerken viele jetzt, dass auch sie in einer Sackgasse gelandet und nicht glücklich geworden sind. Ihre Körper weinen und leiden an Krankheiten, besonders an den weiblichen Organen Brust, Gebärmutter und Eierstöcke. Der Krebs und andere Erkrankungen wollen ihnen zeigen, dass sie von der Liebe zu sich selbst genauso weit entfernt sind wie die Männer, aber sie hören die Botschaft nicht. Ihre Regelschmerzen zeigen, dass sie es hassen zu bluten und eine Frau zu sein. Und immer noch pflegen sie wie ihre Mütter den großen Schmerzwettbewerb der Frauen. Je größer der Schmerz, den sie vorweisen können, desto größer die Aufmerksamkeit und das Mitleid der anderen Frauen.

Sie sehnen sich nach Liebe, Wertschätzung und Bewunderung von Männern, aber bewundern sich selbst nicht. Sie liegen im Krieg mit ihren Körpern, hassen ihr Fett und ihre Zellulitis, ihre zu großen oder zu kleinen Brüste, lassen sich von Männern mit scharfen Messern ihre Nasen, Brüste und Schamlippen korrigieren, das Fett absaugen, die Haut straffen, die Lippen aufspritzen und malträtieren sich selber mit Diäten und Hungerkuren, die ihnen ihre schreibenden Schwestern von *Bunte* bis *Cosmopolitan* gern offerieren.

In der Tradition ihrer Mütter verwurzelt, bewegen die Frauen sich oft in den Angelegenheiten ihres Partners, sie erwarten, fordern, kritisieren, wollen ihn erziehen und verändern, und glauben, wenn er sich endlich ändern würde, dann wäre alles gut. Aber sie erkennen nicht, dass sie genau mit dem Mann zusammen sind, den sie brauchen, weil sie ihr Verhältnis zum Vater ihrer Kindheit bis heute nicht geklärt haben, und weil ihr Partner die Folge ihrer ungeheilten Wunden sowie ihres verzerrten und verurteilenden Vater- und Männerbildes ist. Sie glauben, die besten Männer seien eh schon vergeben, Männer seien Schlappschwänze oder Versager, Machos oder Frauenfeinde, Hallodris oder schwanzgesteuert. Sie sehnen sich nach einem, der treu ist und verantwortungsbewusst, fleißig und erfolgreich, einen, der sie im Bett befriedigt, aber nicht jedem Frauenpo hinterherschaut, mit dem sie über Gefühle und Herzensangelegenheiten sprechen können, der gern mitkommt, die Schwiegereltern zu besuchen, und mit seinen Ideen und Initiativen ihre Ehe in Schwung hält. Sie suchen nach einer gelungenen Mischung von Dackel, Golden Retriever und Hengst. Und wenn sie diese nicht bekommen, hat es natürlich nichts mit ihnen zu tun und sie klagen: »Du bringst es ja nicht!«

Wenn ihre Männer fremdgehen, machen sie ihnen die Hölle heiß und stellen sich wieder einmal als Opfer hin. Sie fragen sich, was die andere hat und sie nicht, und machen sich selbst im Innern nieder. In ihrer Angst, jemand könnte an ihrer ungeheilten Verlassenheitswunde rühren, kontrollieren sie Handynummern und Jackentaschen, wollen wissen, wen er wieder getroffen hat, oder fragen ganz beiläufig, ob er noch einmal was von seiner Ex gehört habe.

Viele Frauen haben bis heute keinen Orgasmus erlebt, haben Hemmungen, es sich selbst zu machen und bleiben im Bett in ihrem kontrollierenden und ängstlichen Kopf stecken. Kein Wunder, dass die betont männliche Frau, die einen weichen und oft schwachen Mann anzieht, im Bett nicht nass wird, da für sie Hingabe, Empfänglichkeit und Fallenlassen mit großen Ängsten verbunden ist, die sie mit allen Mitteln zu kontrollieren versucht. Von ihren Gefühlen der Angst und Trauer, der Wut und Ohnmacht, der Scham, Schuld und der Eifersucht lenkt sie sich ebenso ab wie der Mann, und sie tut es mit Essen, Süßigkeiten, Telefonieren, Shoppen, Arbeiten, Beschäftigung mit ihrem Körper oder mit viel Einsatz für andere Menschen.

Zu ihren Schwestern, den Frauen, hat die Normalfrau ein zwiespältiges Verhältnis. Zwar schätzt sie die Gesprächspartnerin und »beste Freundin« für das vertraute Gespräch auch über intime Angelegenheiten, aber betont eine Frau mit ihrer Kleidung deutlich ihre weiblichen Reize, wird sie schnell das Opfer von weiblicher Häme und Tratsch:»Dass die das nötig hat!« Eine Frau, die offen über ihren außerehelichen Sex spricht, wird schnell zur »Schlampe«, und behauptet eine, sie könne die leidvolle, innere Befindlichkeit vieler Männer gut verstehen, gilt sie bei vielen als Verräterin und wird aus dem weiblichen Opferclub hinausgeworfen und ausgegrenzt. Frauen pflegen durch ihr chronisches Verurteilen täglich ihr Opferbewusstsein und brauchen sich nicht wundern, wenn sie von einer Enttäuschung und Verletzung zur nächsten gelangen.

Die Frau ist froh, dass die eigene Mutter nicht zu oft bei ihr anruft, da sie noch lange keinen Frieden mit ihr gemacht hat und ihr gegenüber in der Schuld zu stehen glaubt. Besonders deutlich tritt dies zutage, wenn die Mutter zum Pflegefall wird und die Tochter sich nicht frei genug fühlt, sie in die Obhut eines Heimes oder einer Krankenschwester zu geben. Dann reibt sie sich bei der Pflege und dem gleichzeitigen Berufs- und Familienmanagement auf und erkrankt nicht selten an denselben Organen wie ihre Mutter.
Frauen haben das Leiden und den Schmerz ihres kleinen verletzten Mädchens im Innern noch selten erkannt. Lieber projizieren sie es auf das Leid anderer, vor allem auf das Leid der Tiere. Zeige zehn Frauen eine Katze mit drei Beinen und neun von ihnen werden voller Schmerz aufheulen und sie bemitleiden. Aber die

Katze hat kein Problem und keinen Schmerz; es ist nur ihr eigener Schmerz, den die Frauen spüren, ihn aber nicht als ihren erkennen.

Die Ära dieser »alten« Frau geht jetzt zu Ende. Denn immer mehr Frauen erkennen jetzt, dass sie selbst durch ihre nicht überprüften Gedanken, ihre unterdrückten Gefühle und ungeheilten Wunden der Kindheit sowie ihre Verurteilung ihrer Väter und der Männer ihr Leiden verursacht und verlängert haben. Die neuen, starken Energien der Transformation, die in diesen Monaten und Jahren sehr viel mehr Licht auf die Erde bringen, durchlichten auch die Schattenseiten des weiblichen Bewusstseins und gewähren den Frauen eine klare Sicht auf die wahren Zusammenhänge von Ursache und Wirkung – darauf, wie sie ihr Frauenleid erschaffen haben.

TEIL II

Transformiere dein Leben!

Bring endlich Ordnung
in dein Leben!

Jetzt herrscht Aufräumzeit. Diese Monate und Jahre um das Jahr 2012 fordern dich mit aller Macht auf, dein Leben in Ordnung zu bringen – innen wie außen. Denn das Leben toleriert nur eine Zeit lang Zustände der Unordnung. Deine Unzufriedenheit, deine Unerfülltheit in Beziehungen und im Beruf, dein schmerzender Körper, dein Mangel an Freude und innerem wie äußerem Wohlstand, deine nach oben drängende Angst, Wut, Trauer und deine Schicksalsschläge und Enttäuschungen, das alles sind Boten, die dich jetzt wachrütteln wollen aus dem Schlaf der Normalität, damit du dein Leben in die eigenen Hände nimmst. Denn das Leben selbst – die Natur, das Universum – befinden sich immer in Harmonie und Ordnung.
Nur der Mensch hat sich aus der natürlichen Ordnung hinausbewegt und hierdurch sein Leid verursacht. Er hat vergessen, warum und wozu er auf diese Erde gekommen ist. Er kam, um die Liebe auf die Erde zu bringen, denn er stammt aus der Quelle namens Liebe. Wir wurden aus der Liebe geboren und sind in unserer Essenz pure Liebe so wie unsere Quelle die Liebe ist, die All-Liebe. Aber der Mensch bekam als einziges Wesen im Universum auch den freien Willen, sich aus der göttlichen, natürlichen Ordnung hinauszubewe-

gen, sich in seinem Bewusstsein zu trennen von der Liebe. In Wirklichkeit jedoch gibt es keine Trennung, alles ist mit allem verbunden. Und das Verbindende heißt immer: Liebe.

Die Erfahrung der Trennung, der scheinbaren Teilung durch Ver-ur-teilung, hat er über Äonen gemacht, aber diese Zeit geht jetzt zu Ende. In diesem Sinne befinden wir uns in einer Endzeit. Nicht die Welt vergeht, sondern abgelaufen ist die Zeit des alten Menschen, der unbewusst, schlafend und voller Angst über die Erde taumelte und glaubte, es gehe hier darum, irgendwie zu überleben oder sein Schäfchen ins Trockene zu bringen. Dieser freie Wille des Menschen ist jetzt eingeschränkt. Warum? Weil es nur der halbe Weg wäre, jetzt in dieser Erfahrung von Angst, Getrenntheit und Schlaf stecken zu bleiben.

Alles in uns, die Liebe, drängt jetzt mit Macht darauf, dass wir aufwachen und uns wieder erinnern, wer wir in Wirklichkeit sind. Wer jedoch noch tief im Schlaf und Schmerz des Normalmenschen steckt, wird solche Sätze als Blödsinn abtun. Das darf sein. Der Mensch, der den Kontakt zu seinem Herzen und zur Liebe verloren hat, will von der Existenz der Liebe in ihm (noch) nichts wissen. Sein Kopf kann sich das nicht vorstellen. Aber das stört die Liebe nicht. Denn sie weiß und ruft dir zu: »Ich bin doch mitten in dir! Sieh mich doch!«

Die Aufforderung dieser Zeit lautet: Schau dir jeden Winkel deines Hauses an, deines inneren und äußeren Hauses, und stell dir die Fragen: Was stimmt nicht mehr? Was fühlt sich nicht mehr rund an? Und wo fließt es nicht? Denn Stimmigkeit, Rundheit und ständiger Fluss sind Grundkriterien des Lebens selbst. Im Universum wie in deinem Leben wollen die Dinge rund laufen. Wie schon gesagt: Die Planeten umkreisen ihre Sonnen, die Erde dreht sich um sich selbst, ebenso wie die Chakren, die Energiezentren deines Körpers. Alle Kreisläufe in dir, der Kreislauf deines Atems, deines Blutes, deiner Lymphe, deiner Meridiane – alle fließen rund. Wenn etwas gelungen ist und gut läuft, sagen wir: »Das ist eine runde Sache.« Frage dich also zunächst ehrlich: »Was fühlt sich nicht mehr rund und stimmig an in meinem Leben, was fließt nicht mehr, wo stockt es, wo ist etwas blockiert?«

Du weißt genau, wo es nicht mehr stimmt, was sich nicht mehr stimmig anfühlt, sei es im Bereich deiner Arbeit, in deiner Beziehung zum Partner, in deinem Körper und vor allem in deiner Beziehung zu dir selbst. Unser Herz ist das Stimmigkeitsbarometer in uns und es ruft uns immer wieder zu, wo etwas nicht stimmt. Auf die Stimme ihres Herzens hören viele jedoch noch nicht und halten mit dem Verstand dagegen: »Irgendwie geht's doch auch so.«

Meine Empfehlung: Schau dir einmal in Ruhe deinen Keller oder deinen Dachboden an. Weißt du, was da alles in den Kisten und Kartons steckt? Findest du auf Anhieb das, was du gerade suchst? Wer einen Keller voller Gerümpel hat, der fühlt sich darin nicht wohl und denkt des Öfteren: »Eigentlich müsste ich hier mal wieder aufräumen.« Unordnung fühlt sich einfach nicht gut an. Und die Frauen dürfen sich ihre vollen Kleiderschränke anschauen und sich fragen: »Welches dieser Kleidungsstücke gefällt mir eigentlich noch? Was davon ziehe ich liebend gern an? Worin fühle ich mich wirklich wohl?« Und die zweite Frage, die sie sich ehrlich beantworten dürfen: »Was davon passt mir eigentlich noch?«

Oder schau dir deine Steuerbelege und persönlichen Akten an, deine Schubladen und Schränke. **Diese äußere Unordnung, das oft den Namen »Chaos« verdient, ist nichts anderes als ein Spiegel deiner inneren Unordnung und Unklarheit, der Unordnung in deinen Gedanken und deinen Gefühlen und im Verhältnis von Kopf und Herz. Wie innen, so außen, heißt das Gesetz.**

Bevor wir das Chaos und die Verstrickungen im Außen in Ordnung bringen können, müssen wir jedoch in unserem inneren Haus damit beginnen. Dieses innere Haus besitzt ein Erdgeschoss und drei riesige Etagen, die miteinander in enger Beziehung stehen. Unser physischer Körper mit seinen vielen Räumen bildet das Erdgeschoss. Die Unordnung dort fällt uns meist am schnellsten auf. Es sind die vielen unangenehmen bis schmerzhaften körperlichen Empfindungen. Wir spüren auf dieser Ebene oft Zustände der Unruhe, Enge und Schwere, des Druckes, der Spannung, der Starre und Steifheit, der Übelkeit und des Schwindels, der Schwäche und Lähmung, der Kälte und des Brennens, und immer wieder und immer öfter spüren wir Schmerz.

Zunächst ignorieren wir diese unangenehmen Erscheinungen solange wie möglich, dann lenken wir uns ab oder wollen sie wegmachen. Wir glauben, unser Körper habe ein Problem, aber das ist nicht die ganze Wahrheit. Unser Körper will uns nur zeigen, dass in den oberen Etagen etwas nicht stimmt. Der Körper kann sich nicht in einem Zustand der Ordnung befinden, wenn auf den anderen Etagen, in den Gefühlen, den Gedanken und auf der Herzebene, der spirituellen Ebene, etwas nicht stimmt. Der Krempel und das Gerümpel von oben rutschen über Treppen und Schächte immer weiter nach unten. Darum ist dieser Körper ein wunderbarer Signalgeber. Er zeigt uns an, dass auf einer anderen Ebene etwas schon länger nicht mehr stimmt. **Um also in unserem Körper Ordnung, Klarheit, Leichtigkeit und Gesundheit dauerhaft herzustellen, müssen wir in den oberen Etagen anfangen, hier aufräumen und Ordnung schaffen.**

Jeder von uns erschafft und gestaltet tagtäglich den Zustand seines Körpers und seiner Lebenswirklichkeit. Wir tun das – wie schon erwähnt – durch unsere Gedanken, Einstellungen, Überzeugungen und Glaubenssätze. Diese sind uns jedoch selten bewusst, da sie sich bereits in früher Kindheit eingeprägt haben. Sie erzeugen in uns Emotionen wie Angst, Wut, Trauer & Co., die wir als unangenehm empfinden, verdrängen und wegmachen wollen. Aber das Verdrängen unserer Gefühle bewirkt Schwere, Enge, Druck und andere negative Empfindungen in unserem physischen Körper, die wir in der Regel solange ignorieren, bis sie sich als Schmerzen bemerkbar machen und schließlich Krankheiten aus ihnen entstehen. Und in all unseren Lebensbereichen wie Partnerschaft, Familie, Beruf und Freundeskreis führen jene Emotionen zu Reibungen und Konflikten, wenn andere durch ihr Verhalten unsere »Knöpfe« drücken und uns auf diese Weise auf sie aufmerksam machen und uns vermeintlich verletzen. **Aber wir verletzen uns immer nur selbst und leiden in Wirklichkeit nur an unseren eigenen unbewussten Schöpfungen.**

Die Unordnung und das Chaos unseres Lebens, alles Leiden und aller Schmerz sind immer die Folgen von Unbewusstheit, Verdrängung und Selbstverurteilung, von unaufgeräumten, unfriedlichen Beziehungen zu Menschen in unserer Vergangenheit und dadurch erzeugter Wut, Schuld, Scham, Trauer und Angst. In diesem zweiten und im dritten Teil dieses Buches zeige ich dir, wie du die Räume deines inneren Hauses aufräumen und in deinem Leben wie in deinem Körper Harmonie, Freude und Glück erschaffen kannst. Wie bereits gesagt: Ein glückliches Leben ist alles andere als Glücksache, sondern eine Folge von bewusstem, liebendem Schöpfertum. Wenn du Anspruch auf ein glückliches Leben erheben willst, dann krempeln deine Ärmel hoch und entscheide dich jetzt, zu einem liebenden, bewussten Herz-Menschen zu werden und die Liebe und das Lieben zum Dreh- und Angelpunkt deines Lebens zu machen.

Du bist die wichtigste Person in deinem Leben

Fast alle von uns haben gelernt, andere Menschen wichtiger zu nehmen als sich selbst. Das jedoch verursacht Leid und Unglück. Du kennst noch Sätze aus Kindheit und Jugend wie »Nimm dich nicht so wichtig!« oder »Was glaubst du eigentlich, wer du bist?« Damals konnten wir nicht antworten: »Ich? Ich bin das Wichtigste in meinem Leben!« Dafür hätten wir uns eine gefangen. Zur Erziehung zu einem »guten Menschen« gehörte es, zu lernen, sich erst um andere zu kümmern und sich selbst zurückzunehmen. Aber das war kein Akt der Selbstlosigkeit, sondern ein stiller Deal. Wenn wir uns nett, hilfreich und gut zu anderen verhielten, wurden wir dafür belohnt. Man schenkte uns Aufmerksamkeit und Lob – was jedoch einen Menschen nicht wirklich glücklich macht und erfüllt.

Sich selbst für höchst wichtig zu nehmen und in allerbester Weise für sich zu sorgen, wird immer noch gern als »Egoismus« diffamiert, aber in Wirklichkeit ist es Selbstliebe. Du selbst bist für dein Glück, für ein erfülltes Leben und ein vor Freude singendes Herz verantwortlich. Egoismus bedeutet, sich auf Kosten anderer Vorteile zu verschaffen und stur seine Interessen durchzusetzen. Und darum geht es nicht. Niemand außer dir hat die Macht und Fähigkeit, dich glücklich zu machen. Das ist dein ganz eigener Job. Und wer sich selbst ins Zentrum seiner liebevollen Aufmerksamkeit stellt und die Verantwortung für sein Leben selbst in die eigenen Hände nimmt, der schafft die Voraussetzung für ein wunderbares Leben. Und zugleich ist er das beste Vorbild für seine Mitmenschen. **Nur der sich selbst liebende und für sich bewusst verantwortliche Mensch trägt zu einer friedlichen und glücklichen Menschengemeinschaft bei, die in den nächsten Jahren entstehen wird.**

Wer nicht gut für sich selbst sorgt, der bürdet sein Unglück den Mitmenschen auf. Eine Mutter, die im Innern traurig, frustriert und unglücklich ist, kann ihren Kindern nur vermitteln, wie man sich unglücklich macht und dass das Leben keine schöne Angelegenheit ist. Natürlich will das keine Mutter, aber sie hat den Kindern nichts anderes zu bieten. Und der Vater, der zwar seiner Arbeit nachgeht und seine Pflichten erfüllt, aber sich innerlich zusammenreißt und erschöpft durchs Leben geht, zeigt seinem Sohn, dass das Leben eines Mannes wenig attraktiv ist. Diese Eltern bieten ihren Kindern durch ihr Befinden eine tägliche Anleitung zum Unglücklichsein und bürden ihnen ihre inneren Lasten auf. Die Kinder aber entwickeln hierdurch Schuldgefühle, weil sie überzeugt sind: »Wenn ich nicht wäre, ginge es meinen Eltern besser.« Sie fühlen sich als Belastung für Mutter und Vater.

Die Aufforderung zur Selbstliebe scheint im Gegensatz zu stehen zu vielen östlichen und vor allem buddhistischen Richtungen, die den Menschen zu seinem Seelenheil führen wollen. Durch Meditation und andere Übungen bemüht sich der Schüler, sein »Ego« loszuwerden und »selbstlos« zu leben. Diese Lehren, so sympathisch sie daherkommen, haben zahlreiche, insbesondere junge Menschen in den letzten dreißig Jahren in ein blutleeres, frustrierendes Dasein geführt. Enttäuscht von der Scheinheiligkeit christlicher Kirchenvertreter, die ihren Mitmenschen das Kreuz auf die Schultern legen, damit sich diese den Himmel durch Leiden erarbeiten, sympathisieren viele mit den östlichen Meistern und versuchen, sich in Weltabgewandtheit zu üben und zur »Erleuchtung« zu gelangen. Auch sie lernen, sich selbst nicht wichtig zu nehmen und verpassen dabei das Wesentliche in ihrem Leben.

Sich selbst annehmen und lieben zu lernen ist die Voraussetzung dafür, dass man auch einen anderen Menschen lieben kann. Wer sich nicht selbst liebend um seine innere Befindlichkeit kümmert und sein Herz zum Singen bringt vor Freude, der hat seinen Mitmenschen einfach nichts Erfreuliches zu bieten. Er fordert damit andere auf, dem Club beizutreten: »Sei genauso unglücklich wie wir!« Dieser Mensch, auch wenn er zwei oder drei Stunden am Tag meditiert, ist kein Segen für seine Brüder und Schwestern.

Wer jedoch anfangen will, sich selbst der beste Freund, Berater und Liebhaber zugleich zu sein, der trifft die Entscheidung, sich selbst genügend Zeit und Raum einzuräumen und diese täglich auf intelligente und liebevolle Weise zu nutzen. Das ist sein erstes Geschenk an sich selbst. Die meisten Menschen verbringen den größten Teil ihres Tages mit Arbeit, einen weiteren großen Teil nehmen dann der Partner, die Familie oder Freunde ein. Aber sich selbst regelmäßig Zeit zu schenken, in der man nur mit sich selbst zusammen ist, erscheint vielen als unnormal. Das beginnt sich jetzt langsam zu ändern. Wer die innere Beziehung zu sich selbst nicht aktiv pflegt und genießt, der wird zur Belastung für seine Umwelt und ungenießbar für die anderen, der leidet mit der Zeit vor allem an einem: an sich selbst.

Der Normalmensch kann mit sich selbst wenig anfangen, ja, er läuft ständig vor sich weg und verliert sich in vielen Aktivitäten, ob er nun liest oder am PC sitzt, ob er ständig Überstunden macht oder viel Sport treibt, ob er etwas für andere tut oder mit seinen Chips vor dem Fernseher versumpft. **Sich selbst regelmäßig Zeit zu schenken, um zur Besinnung zu kommen oder die Zeit in Ruhe mit sich selbst zu genießen, ist eines der wichtigsten Geschenke, die wir uns selbst regelmäßig, am besten täglich machen dürfen.** Das müssen nicht viele Stunden sein. Ein kurzer Spaziergang von einer halben Stunde allein mit dir ist Gold wert für deine Seele, deinen Geist und deinen Körper. Bevor du morgens aus dem Haus stürzt und in dein Auto steigst oder zur Bahn eilst, nimm dir mindestens zwanzig Minuten Zeit für einen bewussten Beginn des Tages. Schließe dabei die Augen. Diese kurze Zeit gibt deinem Tag eine andere Wertigkeit, deinem Geist Klarheit und eine innere Ruhe. Diese mit dir verbrachte Zeit wirkt wie eine Lokomotive am Beginn des Tages.

Die Grundlage der Selbstliebe besteht darin, sich und seinem Innenleben regelmäßig Aufmerksamkeit zu schenken, wenn möglich in der Stille mit sich selbst. Dieses Innenleben besteht aus vier Ebenen, die von uns beachtet werden wollen:

1. Die Empfindungen unseres physischen Körpers
2. Die Emotionen (Gefühle) unseres Emotionalkörpers
3. Die Gedanken unseres Mentalkörpers
4. Die Herzimpulse unseres spirituellen Körpers

Diese vier Körper senden uns ständig Signale, wie es ihnen geht. Und so wie wir es von unseren Mitmenschen wünschen, hoffen auch sie darauf, dass sie von uns, ihrem Träger, wahrgenommen und für wichtig erachtet werden, dass wir ihre Signale und Botschaften hören, verstehen und damit etwas anfangen. Wer sich jedoch nie die Zeit nimmt, sich um den Zustand seiner vier Körper zu kümmern, der ist nicht Herr im eigenen (Energie-)Haus. Der fühlt sich schnell überfordert, deprimiert, zerrissen und durcheinander. Wer aus seinem Normalleben aussteigen will, der möge beginnen, sich systematisch um diese vier Körper zu kümmern. (Ich empfehle dir hierzu die Meditations-CD: »Harmonie und Balance in mir«.) Wenn wir etwas oder jemandem Aufmerksamkeit schenken, dann ist das ein erster Akt von Liebe, denn Energie fließt dorthin, worauf wir uns gerade konzentrieren. Fang an, dein Energiehaus in Ordnung zu bringen und schenke deinen Körperempfindungen, deinen Gefühlen, deinen

Gedanken und der Stimme deines Herzens deine liebevolle Aufmerksamkeit – und zwar aus der Haltung eines Schöpfers und Gestalters heraus.

Bisher hast du diese vier großen Bereiche deines menschlichen Seins unbewusst gestaltet und darum leidest du unter ihrem unordentlichen Zustand. **Unbewusstheit ist die erste Ursache für Leiden.** Wenn du ein glücklicher Mensch sein willst, dann fange an, dich um diese vier Etagen deines Energiehauses systematisch und liebevoll zu kümmern. Es ist keine »harte Arbeit«, sondern eine Art Liebesbeziehung, die du hier aufbauen und pflegen darfst. **Übernimm endlich deine Schöpferverantwortung für deinen Körper, deine Gefühle, deinen Geist und deine Seele und du wirst schon nach wenigen Tagen bemerken, wie deine gefühlte Lebensqualität beginnt, sich zu verändern.**

Du bist ein einzigartiges Juwel von Mensch, das unter bald acht Milliarden Menschen nicht noch einmal vorkommt. Dieses Juwel zu entdecken und diesen Diamanten, der du bist, zum Strahlen zu bringen, das ist deine Hauptaufgabe in diesem Leben. Darum wende dich jetzt dir selbst zu und schenke dir Zeit und Raum, Aufmerksamkeit und Liebe.

Wenn du noch keinen eigenen Raum in deiner Wohnung hast, dann schaffe dir zumindest einen Platz, an dem du dich sehr wohl fühlst und zur Ruhe kommen kannst. Nutze diesen Platz täglich zur Einkehr, zur Besinnung, zur Meditation oder zum Gebet. Es ist überhaupt nicht wichtig, wie du es nennst. Die Hauptsache ist: An diesem deinen Platz hast du die Ruhe, dich um das Allerwichtigste deines Lebens zu kümmern, um dich selbst.

Wenn wir unser Leben nicht nutzlos vertun wollen, dann kommen wir nicht um die Entscheidung herum, uns zur wichtigsten Person in unserem Leben zu erklären. **Setze dich selbst an die erste Stelle deiner Prioritäten!** Wer hier einen inneren Widerstand verspürt, der denkt häufig, es kommt doch darauf an, für die anderen da zu sein, für die Kinder, die Enkel, den Mann, die Alten und Kranken. Oder, es kommt doch darauf an, Gutes zu tun. Hier möchte ich sehr deutlich klarstellen: Es ist wunderbar und es gehört zum Schönsten im Leben, anderen Menschen Freude zu bereiten; all das der Welt zu schenken, was man mitbekommen hat, seine Talente, seine Liebesfähigkeit, sein Verstehen, sein Zuhören, sein Dasein usw. Das macht einen selbst wirklich glücklich. Aber nur unter einer Bedingung: Dass du dich selbst und deine Bedürfnisse, deine Wünsche, die Stimme deines Herzens sehr ernst nimmst und für dich selbst sehr gut sorgst. Wer zu wenig Freude, ja Begeisterung im Leben verspürt, aber viel für andere tut, der erwartet unbewusst, dass da auch etwas zurückkommen muss. Wenn du zu wenig Freude in deinem Leben erlebst (und du spürst genau, ob das der der Fall ist), dann hast du selbst nicht dafür gesorgt.

Dieses Leben ist dazu da, sich zu freuen. Das ganze Leben ist als ein Akt der Freude gedacht, dieses Leben ist uns geschenkt worden, damit wir es feiern! Willst du die Grundlage für Freude in deinem Leben legen, so wähle neu und sage: »*Ich gehe eine stärkere Verpflich-*

tung mir selbst gegenüber ein. Ich verpflichte mich, ab sofort besser für mich zu sorgen!« **Nur wer selbst voll Freude ist, weil er sehr gut für sich sorgt, wer vor Freude überfließt, der hat genug Freude für andere, dem ist es ein natürliches Bedürfnis, hiervon zu verschenken, weiterzugeben.** Wer jedoch innerlich nicht glücklich ist und glaubt, viel geben zu müssen oder zu können, der zehrt sich aus, der wird auf Dauer verbittert. Warum? Weil er unbewusst immer erwartet, selbst beschenkt zu werden mit Freude und mit Liebe. Diese Erwartung erfüllt sich aber nie. Nur wer lernt, sich selbst wirklich zu lieben und sich Freude zu schenken, der erhält sie auch von anderen.

Gesundheit ist keine Glücksache und Krankheit kein Schicksal

Hast du dich schon einmal ernsthaft gefragt, warum so viele Menschen heute Probleme mit ihrem Körper haben, warum sie an Beschwerden, Schmerzen und Krankheiten leiden? Und das in einer Zeit, wo es uns in materieller Hinsicht sehr gut geht und kaum körperliche Anstrengungen von uns verlangt werden? Wer sich nicht für diese Frage interessiert und glaubt, Gesundheit beziehungsweise Krankheit sei eine Frage von Glück oder Schicksal, der läuft Gefahr, ebenfalls eines Tages zu erkranken. Wir betrachten unseren Körper als eine unabhängige Größe. Wir haben uns innerlich, also geistig von ihm getrennt und ihn aus der Drei-Einheit Körper-Geist-Seele ausgeklammert. Wir wohnen unseren Körper nicht mehr bewusst und liebevoll ein, lieben und genießen ihn nicht und übernehmen keine Verantwortung für seinen Zustand.

Schmerzen und Krankheiten sind absolut nichts Natürliches. Sie sind hausgemacht und vom Träger des Körpers in aller Regel unbewusst erschaffen. Aber der Normalmensch will nichts davon hören, dass er selbst seine Krankheiten erschafft. Diesen Gedanken zuzulassen, wäre ihm peinlich. Darum reagieren viele kranke Menschen geradezu aggressiv auf die Frage: »Kannst du dir vorstellen, dass du dir diese Krankheit selbst erschaffen hast?« Schon in wenigen Jahren wird jedes Kind wissen, unter welchen Umständen Körper gesund bleiben oder krank werden. Und dieses Wissen wird alles umkrempeln, was wir bisher unser »Gesundheitssystem« nennen, das nichts anderes ist als ein System zur Aufrechterhaltung und Vermehrung von Krankheit und Leid und zur Sicherung von Arbeitsplätzen innerhalb dieses »Krankheitssystems«.

Die Symptome, Schmerzen und Krankheiten, die ein Körper – die Materie – zeigt, müssen vorher auf einer höheren Ebene vorbereitet und erschaffen worden sein. Unser Körper bildet wie ein Spiegel all das haargenau ab, was wir über uns als Frau, als Mann und als Mensch und über das Leben denken. Diese Gedanken der Geistebene sind zutiefst schöpferisch, unabhängig davon, ob uns bewusst ist, was wir denken. Gedanken erschaffen in uns feinstoffliche Zustände, allen voran unsere Emotionen wie Angst, Trauer, Wut, Scham oder Schuld, und diese Emotionen suchen sich, wenn sie nicht bewusst angenommen und bejahend gefühlt werden, das heißt nicht weiter fließen können, einen Platz in unserem Körper. Dort sind sie zunächst als körperliche Empfindungen wie Schwere, Druck, Enge, Spannung, Steifheit oder Kälte für uns spürbar. Werden auch diese unangenehmen Empfindungen ignoriert, erwachsen daraus schmerzhafte Zustände, die sich in der Folge zu Krankheiten entwickeln. Aus Geist entsteht Feinstoffliches wie unsere Emotionen, aus diesen manifestiert sich Materie. Fast alle Krankheiten entstehen auf diese Weise, auch wenn die Medizinstudenten an den Universitäten bisher etwas anderes lernen müssen. Kein Wunder, dass die Patienten heute den Ärzten mehr und mehr davonlaufen und sich für alternative Heilmethoden interessieren.

Ein Mensch, der zum Beispiel zutiefst glaubt, er sei nicht viel wert und habe schon zu viele unverzeihliche Fehler begangen, produziert mit diesen Gedanken Gefühle der Scham, Schuld, Kleinheit und Minderwertigkeit. Solche Emotionen wiederum erzeugen im Körper Zustände der Schwere, der Enge und Spannung. Der mit sich selbst chronisch unzufriedene, sich selbst verurteilende Mensch legt den Grundstein für Krankheiten, obwohl er das natürlich nicht will und auch nicht bewusst tut. Spürt er dann die Schmerzen im Rücken oder an der Bandscheibe, an seinen Gelenken oder inneren Organen, will er diese verständlicherweise so schnell wie möglich beseitigen. Aber solange wir nicht begreifen, dass wir sie selbst erschaffen haben, kann keine Heilung stattfinden, sondern nur eine kontinuierliche Verschlimmerung.

Jeder Mensch erlebt seit der Kindheit immer wieder Situationen, die er nicht akzeptieren kann und über die er sich ärgert. Wir ärgern uns über andere und über das Leben, aber in Wirklichkeit ärgern wir uns am meisten über uns selbst. Unsere Kultur gesteht weder dem Kind noch dem Erwachsenen zu, dass er seinem Ärger einmal lautstark und lustvoll Luft macht, nein, so etwas tut man bei uns nicht. Stattdessen nehmen wir uns zurück, reißen uns zusammen, verbeißen uns eine Äußerung, die uns auf der Zunge liegt, und schlucken den Ärger hinunter. Die Folge sind übersäuerte Körper, saure Mägen bis hin zu Gastritis und Magengeschwüren, vereiterte Stirn- und Nebenhöhlen, Migräne, Gallensteine und chronische Muskelverspannungen. Aus feinstofflichem Ärger, der chronisch verdrängt wird, entstehen immer dichtere Energien wie Groll, Hader, Wut und Hass, und diese materialisieren sich in unseren Körpern zu den scharfen Kristallen der Gallen- oder Nierensteine oder zu stinkendem Eiter in den Nebenhöhlen oder zu kristallinen Ablagerungen in unseren Gelenken. Denn die von uns selbst produzierte und anschließend abgelehnte Wut muss sich letztlich in unserem Körper einen Platz suchen, weil wir ihr Weiterfließen blockieren.

So gehen die Schilddrüsen bei Frauen kaputt oder ihre Blutadern im Kopf verengen sich krampfhaft zur Migräne und in den Kiefer- und Armmuskeln des Mannes verhärten sich Wut und Hass zu chronischen Verspannungen. Nachts muss dann die Beißschiene zwischen die Zähne. Oder gern zieht sich das Zahnfleisch zurück, weil Mann oder Frau ihm signalisieren, dass Zubeißen und Zähnezeigen nicht ihre Sache ist. Schon früh verabschieden sich die ersten Zähne und sagen: »Wir gehen, denn du brauchst uns ja nicht.« Sie bilden im Außen nur nach, was im Innern des Menschen schon lange vorherrscht – chronisch unterdrückte und abgelehnte Wut in einem braven, »zahnlosen« Menschen, der gelernt hat, dass Wut schlecht ist.

Unser physischer Körper ist also der perfekte Spiegel unseres Bewusstseins, das heißt unserer inneren (geistigen) Haltung uns selbst, den Mitmenschen und dem

Leben gegenüber. Wer nach wie vor glaubt, das Leben sei von Natur aus schwer, ungerecht, ein Kampf oder eine harte Schule, der muss die Folgen dieser unwahren Gedanken auf seiner Körperebene ausbaden. Das Leben selbst ist nicht dafür verantwortlich, dass wir aus ihm eine mühselige Plackerei gemacht haben. Jede Zelle deines Männer- oder Frauenkörpers hört jeden Tag, jede Stunde, jede Sekunde sehr genau, was du über dich selbst, über dein Leben und über dein Mann- oder Frau-Sein denkst. Wenn du nicht wirklich mit ganzem Herzen gern Frau bist und deinen weiblichen Körper liebst, dann hören das alle Zellen deiner Brüste, Eierstöcke, deiner Gebärmutter und sie antworten: »Dann können wir ja gehen!« Sie können nicht anders, als auf diese ablehnenden Gedanken und dadurch erzeugten Gefühle zu reagieren. Und ebenso wenig kann der Phallus des Mannes lustvoll stehen, wenn sein Träger denkt: »Ich bin doch ein Versager, ich bring's doch nicht!«

Dein Körper braucht vor allem drei »Medikamente« und die sind nicht verschreibungspflichtig und haben keinerlei Nebenwirkungen. Sie heißen Liebe, Freude und Dankbarkeit. Wer sich selbst liebt und wer es liebt zu leben, wer sich die Unliebe und Selbstverurteilung, den bisherigen Krieg mit sich selbst vergibt und Frieden macht, der schließt die beste Krankenversicherung der Welt ab. Wer dafür sorgt, dass echte Herzensfreude und das Genießen in seinem Leben einen hohen Stellenwert haben, der gönnt seinem Körper damit das wirkungsvollste Nahrungsergänzungsmittel.

Und wer sowohl seinem Körper als auch dem Leben in einer Haltung der Dankbarkeit begegnet, wer sein Denken zum Danken macht, weil er doch jeden Tag mit unendlich vielen Geschenken überhäuft wird – dessen Körperzellen reagieren entsprechend auf genau diese Schwingungen und danken mit Gesundheit.

Bei wem es im Leben nicht fließt, wer sich von sich selbst und von seinen Mitmenschen durch sein trennendes Denken absondert und sich selbst zum Opfer erklärt, der blockiert die Kreisläufe seines Körpers ebenso wie derjenige, der sich weigert, seine Gefühle bejahend zu fühlen. Wenn die Energien in deinem Körper blockiert sind, dann frage dich: Wo fließt es in meinem Geist nicht, was läuft da nicht rund in mir? Wie sieht mein gedankliches und gefühlsmäßiges Verhältnis zu mir selbst und zum Leben aus?

Dein Körper hat, wie gesagt, keinen eigenen Willen. Er ist dein treuester Diener. Und er erkrankt, weil er nicht anders kann, weil du schon lange eine innere Haltung einnimmst, die Gesundheit unmöglich macht. Dein Körper hat deine Liebe und Dankbarkeit als Erster verdient, wann bist du bereit, sie ihm zu schenken? Was du nicht liebst, das wirst du verlieren, ob deinen Körper, deine Arbeit oder deinen Partner. Denn die Liebe ist das tragende und verbindende Element, welches alles zusammenhält.

Stell dich in einer ruhigen Stunde einmal für zehn Minuten nackt vor einen großen Spiegel, schau deinen Körper in Ruhe an und höre, was deine Gedanken über ihn denken und welche Gefühle dabei hochkommen. Falls du das nicht machst, dann traust du dich vermutlich (noch) nicht, deiner inneren Wahrheit zu begegnen. Berühre deinen Körper liebevoll mit deinen Händen, verwöhne ihn mit dem besten Öl und bitte ihn innerlich um Vergebung für all die Jahre, in denen du ihn wie eine Maschine behandelt hast, unbewusst, lieblos und verurteilend.

Wenn du deinem Körper große Geschenke machen und dich an ihm wie an einem geliebten Freund und Partner erfreuen willst, dann begegne ihm und deinen feinstofflichen Körpern in den Meditationen der CD »Harmonie und Balance in mir« und – wenn er krank oder geschwächt ist – nähre und heile ihn in den Meditationen auf den CDs »Deinen Körper durch Liebe heilen« und »Heilen können wir uns nur selbst«. Viele vertiefende Hinweise zum Wesen deines physischen Körpers findest du in meinem Vortrag »Glücklich in einem gesunden Körper – ein Leben lang«.

Liebe deine Gefühle –
sie sind deine Kinder

Wir telefonieren heute mit iPhones, surfen im Internet, sitzen zusammen mit Hunderten von Menschen vertrauensvoll in einem tonnenschweren Flugzeug, empfangen Bilder vom Mars und entdecken immer entferntere Sterne und Galaxien – aber beim Umgang mit unseren Gefühlen befinden wir uns noch im Mittelalter. An kaum etwas anderem leidet der Normalmensch mehr als an seinen eigenen Emotionen, an Angst, Trauer, Wut, Neid, Eifersacht, Scham, Schuld oder Ohnmacht. Ich habe in zwei Kapiteln des ersten Teils (»Die Vertreibung aus dem Paradies der Unschuld« und »Die Angst – das Lebenselixier des Normalmenschen«) schon ein paar wesentliche Dinge zu unseren Gefühlen gesagt. Wer ein glücklicher Mensch werden will, wird sich bewusst diesem Thema stellen müssen, um zu verstehen, woher Gefühle kommen und was sie von uns wollen. Wer dazu noch nicht bereit ist, wird sich seinen eigenen, von ihm selbst erschaffenen Gefühlen ohnmächtig ausgeliefert fühlen. Dies können wir gegenwärtig bei immer mehr Menschen beobachten.

Der Mensch ist ein zutiefst emotionales Wesen, das die Fähigkeit besitzt, Gefühle zu fühlen. Und wir kamen einst unter anderem auf die Erde, um hier die Erfahrung intensivster Gefühle zu machen, auch solcher, die sich nicht angenehm anfühlen. Unsere Seele unterscheidet nicht zwischen »guten« und »schlechten« Gefühlen, sondern für sie sind alle Gefühle hochinteressant und wertvoll, sie gehören zu ihrem Erfahrungsschatz, den sie nirgends besser erweitern kann als in einem menschlichen Körper. Ein kleines Kind drückt seine Gefühle noch sehr lebendig und kraftvoll aus und kann von einer Minute zur anderen aus einem Gefühl der Wut zu einem Gefühl der Freude wechseln, wenn es für seine Wut nicht bestraft wird.

Unsere Gefühle fallen nicht zufällig vom Himmel wie saurer Regen, sondern sind unsere eigenen Kreationen. Sie gehören zum Wesentlichen unseres menschlichen Daseins und wollen verstanden und bejahend gefühlt werden, damit sie aus unseren Körpern hinausfließen und weiterziehen können. Das Wort »Emotion« zeigt an, dass sich Gefühle bewegen wollen: E-Motion heißt im übertragenen Sinne »Energie in Bewegung«. Wir verhindern jedoch, dass sich unsere Gefühle bewegen und fließen können, indem wir sie ablehnen, unterdrücken, verdrängen und bekämpfen. Das kann auf die Dauer nicht gut gehen, sondern macht uns unglücklich und unseren Körper krank.

Jeden Morgen gehen Millionen Schüler in die Schule mit der Angst vor Klassenarbeiten und schlechten Noten, vor der Kritik der Lehrer, der Ausgrenzung und Aggression durch Mitschüler. Und genauso geht es ihren Vätern und Müttern, ob an den Arbeitsplätzen oder in der Familie. Kinder, Jugendliche und Erwachsene laufen mit traurigen Gesichtern durch die Welt, den Bauch voller Ärger und Wut. Sie fühlen sich ohnmächtig anderen Menschen und vermeintlichen Zwängen ausgeliefert, sind neidisch auf die, denen es scheinbar besser geht, und leiden unter Eifersucht, wenn sie erfahren, ihr Partner liebt nicht nur sie, sondern noch einen anderen Menschen. Eltern fühlen sich schuldig, weil sie glauben, als Eltern versagt zu haben, Kinder fühlen sich schuldig, weil sie das Gefühl haben, für ihre Eltern eine Last zu sein. Und fast alle schämen sich insgeheim, weil sie glauben, nicht liebenswert zu sein. Solche Gefühle sind kein Unglück. Sie gehören zur menschlichen Erfahrung und unsere Gefühle haben kein Interesse daran, dass wir unter ihnen leiden.

Der Mensch wird jetzt – in diesen Jahren – massiv aufgefordert, sich seinen Gefühlen bewusst zu stellen und sie nicht weiter unter den Teppich zu kehren oder sein Mütchen am Mitmenschen zu kühlen oder andere als Mistkübel für die eigenen abgelehnten Emotionen zu missbrauchen. Diese Jahre um 2012 sind solche, in denen Angst, Depression, Wut, Trauer & Co. massiver in Erscheinung treten als je zuvor. Es wird nicht mehr möglich sein, sie zu verdrängen oder so zu tun, als wäre hiervon nur eine kleine Minderheit besonders sensibler Menschen betroffen. Darum rate ich jedem Menschen, der Frau wie dem Mann, dringend, sich seinen Gefühlen auf eine neue Weise zuzuwenden und seine Einstellung und sein Verhalten ihnen gegenüber radikal zu ändern, wenn er seinen Weg zu einem glücklichen Leben finden will.

Man muss es immer wieder betonen: Wir selbst sind es, die unsere Gefühle erschaffen. Und wir tun dies täglich, seit wir in diesem Körper geboren wurden, und wir taten es vermutlich bereits in den neun Monaten im Bauch unserer Mutter. Es sind vor allem unsere Gedanken, aus denen Gefühle entstehen. Denkt ein Mensch »Ich muss es schaffen« oder »Ich könnte scheitern!«, erzeugt er Angst. Glaubt ein Mensch »Ich bin allein« oder »Niemand mag mich«, entsteht daraus Trauer. Denkt es in einem Menschen »Ich habe keine Wahl! Ich bin nicht frei!«, erschafft dieser Gedanke Wut und Ohnmacht. Wer seinem Nachbarn, Kollegen oder Mitschüler dessen Wohlstand nicht gönnt, nährt in sich Neid und Eifersucht.

Aus Gedanken, die über eine Zeit lang von uns gedacht werden, entsteht eine andere Energie, eine Emotion, die für uns fühlbar ist. Gedanken – mentale Energien – können wir nicht fühlen, aber die emotionale Energie, die aus unwahren Gedanken entsteht – Gefühle wie Angst, Wut oder Trauer – können wir sehr gut fühlen. Doch obwohl wir sie fühlen, lehnen wir sie ab, wir wollen sie nicht fühlen. Sie sind schon da und dennoch sagen wir: »Nein, ich will das nicht fühlen, was ich hier fühle!« Wir verurteilen sie und denken »Die sind schlecht!« Aufgrund dieses Verhaltens erschaffen wir eine Spirale des Leidens, an deren Ende fast immer der Tod steht, sofern der Mensch nicht vorher aufwacht und begreift, welchen Unsinn er hier treibt. »Ihr sterbt alle an gebrochenem Herzen!«, sagte einer meiner Lehrer namens P'taah. Und wenn du einmal einen

Blick in die Altenheime und Hospize wagen würdest, wüsstest du sofort: Er hat Recht.

Die Fähigkeit, Gefühle fühlen zu können, gehört zum Reichtum und zur Spezialität des Mensch-Seins. Aber der Normalmensch möchte Freude fühlen und lehnt die Trauer ab, er sehnt sich nach Harmonie, aber er lehnt seine Wut ab, er sucht Vertrauen, aber er lehnt die Angst ab. Wer die Trauer jedoch ablehnt und nicht fühlen will, der kann auch nicht zur Freude finden. Wer seine eigene von ihm über Jahrzehnte unterdrückte und genährte Wut ablehnt, der kann keinen Frieden finden, weder mit sich noch mit anderen. Wer nicht bereit ist, über den Weg nach innen seiner Scham, Kleinheit und Minderwertigkeit liebevoll und annehmend zu begegnen, der wird nicht aufrecht, mit großer Selbstwertschätzung seinen Lebensweg gehen können. Wir können nicht trennen, was energetisch zusammengehört. Wir gelangen immer durch die Wahrnehmung und Annahme eines Zustands zu seinem polaren Gegenstück: durch die Trauer zur Freude, durch die Wut zur Harmonie, durch die Angst zur Liebe, durch das Unfreie zur Freiheit, durch den Unfrieden zum Frieden.

Wenn wir unsere feinstofflichen Körper über so viele Jahre mit unterdrückten Gefühlen so vollgestopft haben wie unsere Keller mit Gerümpel und unseren Kopf mit unsinnigen, unwahren Gedanken, dann heißt es jetzt erst einmal: Aufräumen in unserem Innern. Wer innen jetzt keinen Hausputz macht und Ordnung hält, der wird im Außen im Chaos versinken.

Jeder von uns ist in der Lage, Angst, Wut, Trauer und anderes in Freude zu verwandeln. Die meisten können das mit Hilfe einer geführten Meditation auf einer CD von mir, manch einem tut es gut, sich für ein paar wenige Sitzungen durch seine Gefühle von einem dafür von mir ausgebildeten Transformations-Therapeuten (siehe Liste »Empfohlene Therapeuten« auf meiner Website) begleiten zu lassen. Der verwandelnde Umgang mit unseren Gefühlen ist keine lange harte Knochenarbeit, sondern erfolgt durch eine sehr liebevolle, sanfte Art.

Wie geht das, mit seinen Gefühlen aufräumen? Indem wir uns Zeit für sie nehmen, zum Beispiel eine halbe Stunde, und bewusst zu ihnen nach innen gehen. Niemand leidet gleichzeitig unter zehn verschiedenen Emotionen, meist stehen zwei oder drei von ihnen im Vordergrund. Auch ohne eine CD-Begleitung kannst du dich hinsetzen, die Augen schließen und eine Minute sanft atmen und mit deiner Aufmerksamkeit nach innen gehen. Dann sage innerlich: »Alle Trauer (oder Wut, Angst etc.) in mir darf jetzt da sein. Ich bin heute bereit, dich, meine Trauer bewusst zu fühlen.« Das ist der Anfang. Dann atme weiter und erforsche, was sich in deinem Körper bemerkbar macht. Trauer geht oft mit dem Gefühl von Schwere einher. Wenn sie auftaucht, begrüße auch sie und sage: »Du, die Schwere in mir, du darfst auch da sein! Ich bin heute bereit, dich zu fühlen.«

Dieses innerlich oder laut ausgesprochene »Ja!« zum Fühlen des Gefühls ist der wichtige erste Schritt zur Lösung, nachdem wir jahrzehntelang »Nein!« gesagt haben. Bleibe bei dieser zwanzig- bis dreißigminütigen

Meditation in einer liebevoll und neugierig forschenden und zugleich annehmenden Haltung. Denke nicht über deine Gefühle nach, sondern fühle sie nur bejahend, und zwar im Bewusstsein, dass es deine Schöpfungen, deine eigenen Kinder, deine »Babys« sind, die du vor langer Zeit erschaffen hast. Und diese wollen jetzt nichts anderes als von dir selbst bejahend, mit Liebe gefühlt werden, damit sie weiterziehen können, aus deinem Körper hinaus. Denn nichts anderes als die Liebe ist der Transformator, der Verwandler von Gefühlen.

Nachdem du ein Gefühl samt den damit verbundenen körperlichen Empfindungen für fünf bis zehn Minuten erforscht und bejahend gefühlt hast, mach eine abschließende Lichtmeditation mit drei Farben. Als Erstes lass deinen gesamten Körper in silber glitzerndem Licht baden (Silber löst Altes, reinigt und befreit). Nach einer Minute stell dir ein Lichtbad in Violett vor (Violett hat die Funktion der Transformation, der Verwandlung). Und nach einer weiteren Minute frage dein Herz (oder deine Innere Führung), welche Farbe deinem Körper und seinen Zellen jetzt guttäte. Innerhalb weniger Sekunden taucht diese Farbe vor deinem inneren Auge auf und du nimmst ein abschließendes Bad in dieser Farbe. Wenn du dir als Ausklang noch eine berührende, das Herz öffnende Musik anhörst, dann hast du dir selbst und deinen Gefühlen mit dieser Meditation einen großen Liebesdienst erwiesen und du fühlst dich wohl und erleichtert.

So, wie alle Energie fließen und nicht blockiert werden will, wollen auch deine Gefühle fließen und dich nicht weiter belasten. Aber sie können es nicht, solange du sie nur weghaben willst und ihnen nicht die Wertschätzung entgegenbringst, die sie verdienen. Denn deine Gefühle haben dir als deine Schöpfung gedient. Diese einfache Meditation des bejahenden Wahrnehmens und Annehmens von Empfindungen und Gefühlen ist der große Türöffner zu einem aufgeräumten Zustand der Klarheit, des Friedens, der Freude und der Freiheit. Anleitungen zu solch einer Meditation findest du unter anderem auf meinen CDs »Negative Gefühle in Freude verwandeln«, »Ärger, Wut und Hass in Frieden verwandeln«, »Frieden mit meinen ›Arsch-Engeln‹« und »Befreie und heile das Kind in dir«.

Die größten Türen
in deine Freiheit

Neben seinen abgelehnten, verdrängten Emotionen, die er selbst erschuf, leidet der Mensch an nichts mehr als an seiner Vergangenheit, mit der er meist sein Leben lang im Unfrieden ist. Das trifft im Besonderen auf die Kindheit zu, von der man oft nur wenige Bilder in Erinnerung behalten hat. Das liegt nicht an unserer Gedächtnisschwäche, sondern immer daran, dass es nicht schön war, was uns damals widerfuhr. Die Schlüsselfiguren für ein glückliches Leben sind die Mutter und der Vater, die du in der Kindheit erlebt hast. Ich nenne sie unsere größten Türen in die Freiheit. Wer nicht bereit ist, durch diese Türen zu gehen, das heißt, mit diesen beiden Klarheit, Frieden und Freiheit herzustellen, der wird in seinem Leben immer auf Wiederholungen seiner kindlichen Erfahrungen stoßen.

Die herkömmliche, von Krankenkassen geförderte Psychologie glaubt, dass eine solche Klärung nur für die Menschen sinnvoll sei, die eine besonders schwere Kindheit erlebt hätten. Ein großer Irrtum. Denn jedes Kind verstrickt sich mit seiner Mutter und mit seinem Vater (selbst mit dem abwesenden) in höchstem Maße, weil es von ihnen psychisch und physisch abhängig ist und auf sie innerlich so reagieren muss, um ein Mindestmaß an Aufmerksamkeit oder Zuwendung zu erhalten. Jedes Kind ist per se unfrei, denn es kann nicht sagen: »Ihr gefallt mir nicht. Ich nehme mir eine eigene Wohnung.« Die gravierenden Folgen dieser Verstrickungen bekommen wir als Erwachsene vor allem in unseren Frau-Mann-Beziehungen, aber auch am Arbeitsplatz und in der Begegnung mit anderen Menschen zu spüren.

Ich kann verstehen, dass manche meinen, wir sollten doch die Vergangenheit endlich ruhen lassen und nicht dauernd darin herumrühren. Wer so denkt, hat keine Ahnung davon, dass eine im Innern unfriedliche Vergangenheit jeden Tag und jede Stunde in unsere Lebenswirklichkeit hineinfunkt und Leiden verursacht und verlängert. Unsere Vergangenheit existiert nicht in unserem Fotoalbum, sondern in uns selbst, und zwar so, wie wir sie damals erfahren haben, und nicht, wie unser Kopf heute darüber denkt. **Jede Sekunde seit unserer Zeugung ist vollständig in uns gespeichert samt den erfahrenen Körperempfindungen, Gefühlen, Gedanken und allen Ereignissen, den kleinsten wie den größten.** Und so wie wir als Kind begonnen haben, auf die anderen zu reagieren in unserem Denken und Verhalten, so denken und verhalten wir uns als Erwachsene in den nächsten Jahrzehnten unseres Lebens. Viele glauben, sie hätten Vater und Mutter vergeben. Aber das ist meist eine rein mentale Vergebung. Die weiter unten empfohlenen Meditationen zeigen fast jedem, dass er in seinen feinstofflichen Körpern in hohem Maße mit beiden Elternteilen verstrickt ist.

Nur wer sich um die innere Klärung seiner Vergangenheit kümmert und lernt, das kleine Mädchen beziehungsweise den kleinen Jungen in sich wahrzunehmen, anzunehmen und lieben zu lernen samt seinen Gefühlen der Angst, Trauer, Wut, Schuld, Kleinheit, Ohnmacht usw., nur wer seiner Mutter und seinem Vater aus ganzem Herzen zu vergeben bereit ist – egal wie schmerzhaft die Kindheit war –, nur der geht den Weg in ein glückliches und freies Leben. Wer dies nicht tut, wird immer wieder Partner anziehen, mit denen die ungeheilten Wunden und eingefahrenen Verhaltensmuster der Kindheit schmerzhaft aufgefrischt oder wiederholt werden.

Wer in der Kindheit schmerzliche Erfahrungen mit dem Verlassensein gemacht hat, der wird mit hoher Wahrscheinlichkeit wieder verlassen werden. Wer als Kind gelernt hat, einen schwachen Elternteil aus Mitleid zu stützen oder zu retten, der wird sich Jahrzehnte später immer wieder als Männer- oder Frauenretter wiederfinden. Wer in seiner Kindheit Gewalt erleiden musste, der wird auch als Erwachsener gegenüber aggressiven Partnern oder Mitmenschen wieder Ohnmacht und Verzweiflung verspüren oder vom Opfer zum Täter mutieren. Frauen, die als Kind geschlagen wurden, ziehen aggressive Partner an oder schlagen ihre Kinder auch. Ich habe diese Zusammenhänge in meinem Beziehungsbuch »Wahre Liebe lässt frei!« und in meinem Männerbuch »So wird der Mann ein Mann!« ausführlich beschrieben.

Wer bis heute mit seinen Eltern, seinen Kindern, seinem Bruder oder seiner Schwester im Unfrieden ist oder mit seinem Expartner, Exchef, Exvermieter oder Exnachbarn, der mag gern glauben, das gehöre jetzt der Vergangenheit an, aber nur ein einziger Gedanke wie »Er hätte mich nicht so verletzen dürfen« zeigt jedem spürbar im Innern (wenn er dabei seine Augen schließt) den großen Schmerz, der sich heute noch hinter diesem Gedanken in seinem Körper verbirgt. Der Verstand glaubt an »Exen«, mit denen man jetzt nichts mehr zu tun habe. Aber in Wirklichkeit gibt es keine »Exen«, weil es in Wirklichkeit keine Trennung gibt.

Wir sind mit jedem Menschen dieser Welt innerlich verbunden, natürlich besonders mit denen, die unsere Wege gekreuzt oder mit denen wir eine Zeit lang zusammengelebt haben. Es gibt lediglich den Unterschied zwischen friedlicher Verbindung oder unfriedlicher Verbindung (= Verstrickung). So etwas wie Trennung gibt es im ganzen Universum nicht. Alles ist mit allem verbunden. Das kann man leugnen oder für absurd halten. Die Naturwissenschaftler haben es inzwischen begriffen, aber die Psychologen und Mediziner offenbar noch nicht. Alle Galaxien stehen ebenso miteinander in Verbindung, wie jede der über eine Billiarde Zellen deines physischen Körpers mit allen anderen in Verbindung steht. Genauso steht im Menschheitskörper jeder mit jedem in einer wechselseitigen Verbindung genauso wie in jedem Land, in jeder Familie, in jeder Firma, in jeder Schule. Und genauso verhält es sich unter den Mitgliedern jedes Familien- und Ahnensystems.

Das bedeutet jedoch nicht, dass wir zu Unfreiheit und Unfrieden verdammt wären, denn du hast jederzeit die

Wahl, wie du dich den anderen gegenüber betrachtest und was du über diese und über dich selbst denkst und wie du dich verhalten willst. **Ob du deine alten verurteilenden und somit trennenden Gedanken aufrechterhältst, die wir alle gewöhnt sind zu denken über jene Menschen, die uns in unseren Augen Leid zugefügt haben, oder ob du dich auf den Weg machst, mit ihnen in deinem Innern Frieden zu schließen, das ist deine Wahlfreiheit.** Du kannst Letzteres tun, wenn du willst. Niemand kann dich davon abhalten. Und ich empfehle dir sehr, diesen Weg zu gehen, falls du ein glücklicher Mensch werden willst. Zum Krieg braucht es mindestens zwei Menschen, aber zum Frieden braucht es nur einen, und der kannst du sein, wenn du willst.

Die Empfehlung mancher Ratgeber, die Vergangenheit doch endlich loszulassen, funktioniert in der Praxis nicht. Denn hinter diesem Gedanken steckt der Wunsch, die Vergangenheit loszuwerden samt den unangenehmen Gefühlen, die mit ihr verbunden sind. Du kannst nichts loslassen, was nicht im Frieden ist. Wenn du mit jedem Menschen und jedem Ereignis deiner Vergangenheit – und das bedeutet letztlich, mit dir selbst und deinem bisherigen, meist unbewusst gelebten Weg – ganz im Frieden bist, dich und die anderen und das Leben würdigen, wertschätzen und anerkennen kannst, dann lässt deine Vergangenheit dich los. Loslassen heißt also in Wirklichkeit »annehmen«. Jedes innere »Nein«, das es bis heute in dir denkt über das Vergangene, hält diese schmerzhafte Vergangenheit lebendig in dir aufrecht. Und du trägst diesen Schmerz, diese ungeheilte Wunde in jede neue Beziehung, an jeden neuen Arbeitsplatz, in jede neue Begegnung mit einem Menschen hinein. Wer seine Vergangenheit nicht endlich friedlich abschließt und erkennt, dass das Gegenüber nicht anders konnte, so wie auch du selbst manches Mal nicht anders konntest, der gerät in seinem Leben immer wieder in schmerzhafte Situationen und fühlt sich als Opfer böser Menschen oder eines angeblich ungerechten Lebens oder Schicksals.

Wer sich von seiner Vergangenheit wirklich befreien will, dem empfehle ich sehr, mit Vater und Mutter der Kindheit zu beginnen und ihnen sowie dem eigenen inneren kleinen Mädchen beziehungsweise Jungen liebevoll und mitfühlend zu begegnen und die erlebte unfriedliche Vergangenheit endlich in eine friedliche zu verwandeln. Wie heißt es so schön im Buchtitel von Ben Furman: »Es ist nie zu spät, eine glückliche Kindheit zu haben«. Hierfür stehen dir zwei meiner Meditationen zur Verfügung, »Die Mutter (bzw. der Vater) meiner Kindheit«. In diesen Meditationen kannst du deiner Mutter bzw. deinem Vater begegnen und dich wie auch sie aus den gemeinsam geschaffenen Verstrickungen befreien.

Nutze deine »Arsch-Engel« für den Frieden in dir

Viele teilen ihre Mitmenschen in zwei oder drei Kategorien ein. Es gibt Menschen, die uns kaum bis gar nicht interessieren, sie lassen uns »kalt«. Eine andere Gruppe finden wir »nett« oder liebenswert. Aber eine mehr oder weniger große Gruppe von Zeitgenossen können wir nicht leiden oder regen uns über sie immer wieder auf, weil sie in unseren Augen unmöglich, schlimm, unverschämt, blöd, aggressiv, rechthaberisch, egoistisch, ausnutzend, verletzend oder sonst etwas sind. Zur letzten Gruppe gehören meist ein oder mehrere Mitglieder unserer Familie, nicht selten unser Partner oder ein Kind, ein Bruder oder eine Schwester, nicht zu vergessen die berühmte Schwiegermutter. Wir finden solche Menschen in der Nachbarschaft, im Betrieb, im Bekannten- oder Kollegenkreis, im Verein oder in der Kirchengemeinde. Gäbe es diese Menschen nicht, könnte das Leben richtig schön sein, glauben viele von uns. Aber auch das ist ein weiterer Grundirrtum des Normaldenkers. **Auch wenn wir diese Menschen nicht leiden können, weil sie uns auf die Palme bringen oder vermeintlich verletzen – die unbeliebten Zeitgenossen sind in Wahrheit die wichtigsten Menschen für uns auf dem Weg ins Glück und in den Frieden mit uns selbst und dem Leben.** Wir haben ihren

Wert und ihre Bedeutung für uns nur noch nicht erkannt. Unser Kopf nennt sie nicht selten einen »Arsch«, ich nenne sie jedoch unsere Engel. Und solange wir noch nicht begriffen haben, weshalb ausgerechnet diese »Idioten«, »Blödmänner«, »Scheißtypen«, »Zicken« oder »Arschlöcher« Engel sein sollen, nennen wir sie vorübergehend unsere »Arsch-Engel«. Wenn wir dann irgendwann erkennen, dass der vermeintliche »Arsch« in Wirklichkeit tatsächlich ein »Engel« für uns war, fällt der »Arsch« vom »Arsch-Engel« ab und der Engel bleibt übrig.

Entgegen unserer Wahrnehmung sind es nicht diese Menschen, die unseren Ärger, unsere Wut, unsere Ohnmacht und Verzweiflung verursachen, sondern sie lösen solche und andere unangenehmen Emotionen, die schon lange in uns vorhanden sind, lediglich aus. **Sie drücken unsere »Knöpfe« und das ist kein Unglück, in Wirklichkeit ist es ein Segen für uns.** Diesen Segen können wir jedoch nur dann erkennen und empfangen, wenn wir gründlich umdenken.

Ein paar Beispiele: Dein aggressives Kind will dich an deine eigene unterdrückte Wut erinnern; deine unordentliche Tochter daran, dass in dir auch noch eine Menge Unordnung herrscht; dein fauler Sohn daran, dass das Leben nicht nur aus Arbeit, Fleiß und Disziplin besteht und dass du dich selbst (zum Beispiel als Vater) in eine extreme Schieflage gelebt hast. Diese Kinder sind Spiegel dessen, was du noch nicht erkannt und angenommen hast und noch nicht lebst. Der fremdgehende oder dich verlassende Partner will dich an deine ungeheilte Verlassenheitswunde erinnern und daran, dass du dich oft selbst verlassen und dein Herz verraten hast. Der laute Nachbar weist dich auf den bisher von dir ignorierten Lärm in dir selbst hin. Der Mensch, der dich lieblos behandelt, zeigt dir, wie lieblos du dich selbst behandelst und wie wenig Respekt und Achtung du dir selbst entgegenbringst. Der dich mobbende Kollege oder Mitschüler weist dich auf deine Minderwertigkeitsgefühle hin. Der Chef, der dir das Leben schwer macht, zeigt dir, dass du mit dem Vater deiner Kindheit noch nicht im Frieden bist und dir unbewusst immer noch seine Anerkennung und Liebe wünschst. Deine Frau, die dich ständig kritisiert oder dich verändern will, fordert dich damit unbewusst auf, endlich Eigenverantwortung zu übernehmen und erwachsen zu werden. Diese Beispiele ließen sich beliebig fortführen.

Je mehr du dich über deine Mitmenschen ärgerst, desto mehr Ärger, Wut, Groll, Gram oder Hass verbunden mit dem Gefühl von Ohnmacht und Lähmung müssen sich in dir im Lauf der letzten Jahrzehnte angesammelt haben. Je mehr du dich als Spielball deiner Mitmenschen und ihrer Launen fühlst, desto weniger aufrecht und aufrichtig gehst du durch dein Leben.
Unser Verstand hält hartnäckig an der Trennung zwischen Opfern und Tätern fest und findet es »empörend«, wenn jemand an dieser Weltsicht rüttelt und behauptet, dass diese Trennung in schwarz/weiß, gut/böse, falsch/richtig ein Irrtum sei. Am Ende müsste man wohl noch sein ganzes Weltbild infrage stellen.

Aber genau das wird und muss in diesen Jahren der großen Veränderungen geschehen. Denn unser Bild vom Leben und vom Menschen steht buchstäblich Kopf. Wir urteilen und trennen Dinge, die zusammengehören. Wir schauen auf das äußere Verhalten eines Menschen und kleben ihm das Etikett »böse« oder »schlecht« auf und sehen nicht den Hintergrund, vor dem dieses Verhalten einen Sinn machen könnte.

Kein Mensch, den du triffst in deinem Leben, taucht zufällig auf. Du hattest noch nie den falschen Partner, Vermieter, Kollegen, Chef oder Nachbarn. Zu der Zeit, als sie in dein Leben traten, waren sie goldrichtig, auch wenn du dich maßlos über sie geärgert hast, weil sie sich nicht so verhielten, wie du es dir gewünscht hast. Im Leben gibt es keine Zufälle. Alles, was dir zu-fällt, muss einen Sinn haben, auch wenn wir diesen Sinn oft erst mit zeitlichem Abstand erkennen können.

Wenn du in dein Leben Frieden, Freude, Freundschaft und liebevolle Gemeinschaften ziehen und mit einem gesunden Körper glücklich sein willst, so rate ich dir sehr, dich ausführlich mit den Mitmenschen zu beschäftigen, die deine Knöpfe drücken und etwas Unangenehmes in dir auslösen. Tust du das ohne Scheuklappen, mutig, aufrichtig und liebevoll, wirklich an der Wahrheit interessiert und nicht daran, deine gefällten Urteile nur wieder bestätigt zu sehen, wird sich dein Leben in extrem kurzer Zeit in etwas sehr Schönes verwandeln. Ich habe das bereits bei vielen Hundert Menschen persönlich erleben dürfen: Es ist nichts weniger als der große Schritt aus einer selbst erschaffenen Hölle in das Paradies auf Erden.

Nimm dir innerlich Zeit für jeden einzelnen deiner Arsch-Engel und stell dir in Ruhe folgende Fragen:

- Welches Gefühl löst der andere durch sein Verhalten in mir aus?
  (Diese Gefühle wie zum Beispiel Wut, Ohnmacht, Kleinheit oder Neid waren bereits vorher in dir und sie warten darauf, dass sie endlich aus dir heraus können, siehe das Kapitel »Liebe deine Gefühle – sie sind deine Kinder«)
- Wo gehe ich mit mir selbst (zum Beispiel in meinen Gedanken oder in meinem Alltag) so um, wie der andere mit mir umgeht. Wo behandle ich mich selbst verletzend, lieblos oder hart?
- Kann es sein, dass ich mir das, was der andere tut, selbst verboten habe zu tun, etwa weil ich es schon in meiner Kindheit entschieden habe, weil es von Mutter oder Vater so gefordert wurde? Lebt der andere etwas, was ich nie leben wollte oder durfte?
- Von welcher Person aus meiner Vergangenheit (vor allem von Vater, Mutter, Bruder, Schwester in meiner Kindheit) kenne ich dieses oder ein ähnliches Verhalten wie das meines heutigen Arsch-Engels? Könnte es sein, dass ich dieser Person von damals ihr Verhalten bis heute nicht verziehen habe und ich mich damals entschied, nie so werden zu wollen wie sie?

- Habe ich in der Vergangenheit schon öfter Angst davor gehabt, dass mir genau das passieren könnte, was mir bei diesem Arsch-Engel geschieht? Habe ich zum Beispiel schon öfter gedacht: »Hoffentlich werde ich nicht wieder verlassen, verletzt, gedemütigt, betrogen ...«

Unser Verstand hält, so lange er kann, an dem Glauben fest, der andere habe ihn verletzt. Die Wahrheit lautet jedoch: Wir haben uns selbst verletzt und tun es immer wieder. Erst wenn uns das klar wird, können wir dieses Denken und Verhalten uns selbst gegenüber korrigieren. Und genau dazu fordert dich das Leben durch das Auftreten deiner Arsch-Engel auf. Der Normalmensch jedoch schaut in den Spiegel, sieht einen Fleck auf seiner Nase und beginnt den Spiegel zu putzen. Er klagt also die anderen an und verurteilt sie, um anschließend weiter unter ihnen zu leiden.

Entscheide dich jetzt, Licht in diese ungeliebten Schattenanteile deiner selbst zu bringen und zu erkennen: Ich habe mich immer nur selbst verletzt. Vergib dir diesen Irrtum und leite den Friedensprozess mit dir selbst und deinen Mitmenschen ein. Erst wenn wir Frieden in uns, mit uns selbst, mit unserer Vergangenheit und mit unseren damals erzeugten und dann abgelehnten und verdrängten Gefühlen gemacht haben, können wir mit unseren »schwierigen« – ich nenne sie lieber »anspruchsvollen« – Mitmenschen, genannt »Arsch-Engel« in den Frieden gelangen. Wenn du dazu bereit bist, kannst du mit der Meditations-CD »Frieden mit meinen ›Arsch-Engeln‹« die Beziehung zu den Menschen, die deine Knöpfe drücken, zu Harmonie und Frieden führen. Für deine speziellen Arsch-Engel Partner oder Expartner, Bruder und Schwester gibt es eigene Meditationen. Vertiefende Informationen erhältst du zu diesem Thema in meinem Vortrag »Mensch, ärgere dich nicht!«

Vergib dir selbst und werde zum Friedensbringer

Der normale Mensch liegt mit sich selbst im Krieg und erschafft hierdurch unbewusst Krisen, Mangelzustände und Konflikte in seinem Leben. Er leidet dann an diesen seinen eigenen Schöpfungen oft ein Leben lang. Dieser Vorgang ist jedoch kaum jemandem bewusst. Das bedeutet nicht, dass wir »dumm« sind, sondern dass wir unbewusst leben. Wir wissen und bemerken nicht, was wir tatsächlich im Alltag tun, was und wie wir denken, sprechen und handeln.

Die Gedanken der meisten Menschen stecken voller Vorwürfe und Selbstkritik. Das fängt – wie im ersten Teil beschrieben – schon in der Kindheit an. Aus der Reaktion der Erwachsenen auf uns mussten wir schließen, dass wir nicht in Ordnung, dass wir keine wunderbaren, liebenswerten Wesen sind. Noch heute wird den meisten Kindern täglich von Eltern, Kindergärtnern und Lehrern gesagt, was nicht in Ordnung sei an ihnen, was sie verändern oder abstellen müssten. In Folge dieser vielen Tausend Fremdurteile im Laufe der Kindheit beginnt jeder Mensch unausweichlich, sich selbst zu verurteilen und abzulehnen, und wird dabei zu seinem schlimmsten Feind. Das klingt verrückt und unglaublich. Aber schaust du dich morgens im Spiegel an und kannst zu dir sagen: »*Guten Morgen, du wun-*

derbare Frau/du herrlicher Mann! Ich liebe dich und du bist das Beste, was ich habe. Schön, dass es mich gibt«? Wenn du das nicht kannst, dann finde heraus, was es stattdessen in dir über dich selbst denkt.

Bitte fang an zu beobachten, wie oft du dir in deinem Alltag deine eigene Liebe entziehst und dich selbst grob und verletzend behandelst, nicht auf dein Herz hörst und auch nicht auf deinen Körper, der dir oft zuruft: »So bitte nicht, meine Liebe/mein Lieber, denn ich leide unter dir! Dabei bin ich doch dein bester Freund und Diener!«

Jede Hetzerei, jeder Stress, der über Stunden, Tage oder Wochen anhält, ist praktizierte Unliebe dir selbst gegenüber. Wer abends regelmäßig erschöpft ins Bett fällt, ausgelaugt und außerdem frustriert und missmutig, der glaubt oft, er habe keine Alternative oder das Leben sei nun einmal so. Nichts da! Du hast dir bisher nur noch nicht die Aufgabe gestellt, herauszufinden, warum du dieses Stress- und Erschöpfungsprogramm aufrechterhältst. Unser Kopf ist voll mit Hunderten von Sätzen, die anfangen mit »Ich muss …, Ich müsste …, Ich soll …, Ich sollte eigentlich …!« Es sind Glaubenssätze, die wir vor langer Zeit zu denken begonnen haben und von denen wir überzeugt sind. Durch unser ständiges inneres Wiederholen dieser Sätze nähren wir sie solange, bis sie zum Selbstläufer und zu einer starken Macht in uns werden. Am Ende haben wir vergessen, dass wir selbst es waren und sind, die solchen Gedanken erst zur Macht verhelfen, indem wir sie nie hinterfragen, sondern sie gebetsmühlenartig weiter in uns denken lassen. Der Normalmensch denkt nicht selbstständig, das findet er zu anstrengend. Er lässt denken.

Im Laufe der Jahre haben wir einen sehr großen Sack gefüllt mit Druck machenden und uns herunterziehenden Gedanken, den wir uns jeden Morgen wieder auf den Rücken laden und an dem wir schwer tragen. Er enthält Vorwürfe wie: »Ich hätte es besser machen sollen in der Vergangenheit. Ich habe so viele Fehler gemacht. Ich bin nicht gut genug. Ich bin ein Depp und ein Versager. Ich bin nicht schön, attraktiv, erfolgreich und liebenswert genug.« Solche Gedanken erzeugen Missmut, Deprimiertheit, Scham und Schuld sowie Groll und Hass auf uns selbst. Wann willst du endlich mit diesem unseligen Spiel der Selbstverletzung aufhören?

Erkenne jetzt endlich, dass das alles nicht wahr ist, was du über dich glaubst. Es sind zutiefst unwahre, völlig verzerrte Gedanken. Aber du wusstest es bisher nicht besser und konntest deshalb nicht anders handeln. Denn der Normalmensch tut einfach unbewusst das, was jeder macht. Er macht sich selbst zur Schnecke, er lädt sich selbst das Kreuz der Schuld auf die Schultern und trägt unendlich schwer daran. Wenn du das auch noch tust, dann kannst du jetzt damit aufhören.

Entscheide dich jetzt, deine Urteile über dich selbst zurückzunehmen und neu über dich und deinen bisherigen Weg zu denken. Fang an zu verstehen, warum du bisher nicht anders mit dir selbst umgehen konntest. Jetzt weißt du, dass du in diesem Punkt die Macht hast, dich neu zu entscheiden. Am besten, du machst dir einmal einen Katalog mit allen Vorwürfen gegen dich und allen Fehlern, die du dir bis heute vorgeworfen hast. Er enthält die Munition, die du täglich in deinem Denken gegen dich abgeschossen und damit auch andere Menschen dazu aufgefordert hast, dich abzulehnen und dir das Leben schwer zu machen.

Die Arbeit der Vergebung geht aber nicht nur über den Kopf. Der Kopf kann den ganzen Vorgang verstehen, aber nur mit deinem Herzen kannst du dir selbst vergeben. Denn jedes Herz will annehmen, wertschätzen und lieben. Öffne dein Herz also für dich und für das Leid, das du dir selbst angetan hast. Dieser Leidensweg begann in deiner Kindheit und kann jetzt zu Ende gehen. Niemand kann dich davon abhalten, in dir Frieden mit dir zu machen und dich mit allem zu lieben, was du bist und was du bisher gelebt hast, mit all deinen bisherigen Gedanken, verdrängten Gefühlen und mit allen vermeintlichen Schicksalsschlägen, die in Wirklichkeit deine eigenen Schläge gegen dich selbst waren.

Sag dir innerlich in einer Meditation: »*Ich bin heute bereit, meine Schöpferverantwortung zu übernehmen für alle Gedanken, die ich gegen mich selbst gerichtet habe, für alle Scham, Schuld, Trauer, für Wut, Gram und Groll, die ich in mir selbst erzeugt und genährt habe. Heute entscheide ich mich, ein neues Kapitel im Buch meines Lebens aufzuschlagen und mich selbst annehmen, wertschätzen und lieben zu lernen mit allem, was ich bin und was ich getan habe. Ich öffne jetzt mein Herz für die Liebe zu mir selbst. Ich kann mich lieben, ich will mich lieben und ich liebe mich ab jetzt jeden Tag mehr und mehr.*«

Dies ist mehr als eine nette Absichtserklärung, es ist eine Entscheidung, die das ganze Universum versteht und energetisch beantwortet. Das heißt, du erhältst durch deinen Startschuss zur Selbstliebe alle Unterstützung, die du benötigst auf dem Weg zu innerem Frieden mit dir, zu Harmonie und innerer Ruhe und somit zum Frieden mit deinen Mitmenschen.

Beobachte danach immer aufmerksamer, wie du dich in deinen Gedanken und deinem äußeren Verhalten selbst behandelst. Entdeckst du wieder eine lieblose, harte Handlung gegen dich, korrigiere sie sofort und sage: »*Stopp. So will ich nicht wirklich mit mir umgehen. Ich denke neu über mich. Ich liebe mich selbst und nehme mich mit all meinen Gefühlen an und sorge auf das Beste für mein inneres und äußeres Wohlergehen.*« Ich empfehle dir hierfür zwei CDs mit von mir geführten Meditationen, nämlich »Mir selbst vergeben, mich selbst annehmen« und »Mich von alten Begrenzungen befreien«. Und zum Thema »Selbstliebe« gibt es einen schönen Vortrag mit dem Titel »Mich selbst lieben lernen«. Diese CDs helfen dir, mit deiner Vergangenheit aufzuräumen und den Krieg mit dir selbst zu beenden.

Seit ich 1999 in Griechenland anfing, Urlaubsseminare unter dem Titel »Mich selbst lieben lernen« anzubieten, sind zum Thema Selbstliebe zahlreiche Bücher erschienen und Seminare angeboten worden. Über diese Entwicklung freue ich mich sehr. Viele jedoch bleiben die Antwort auf die Frage schuldig, wie das denn genau geht. In meinen Büchern und Meditationen findest du hierfür das passende Werkzeug.

Warum machst du das, was du tust?

Wer sein Leben in Leichtigkeit und Freude erleben und meistern will, der wird sich für Bewusstheit, Achtsamkeit und Stimmigkeit entscheiden dürfen. Ich habe erläutert, warum Unbewusstheit die erste Ursache für Leiden, Mangel und Unglück ist. Der Normalmensch lebt ein Leben der Routine, bewegt sich in ausgefahrenen Gleisen und das erscheint ihm mit den Jahren immer langweiliger, sinnloser und anstrengender. Er weiß schließlich nicht mehr wirklich, warum er am Morgen aufsteht und zur Arbeit fährt oder an die Hausarbeit geht. Er tut es, wie die meisten, völlig unbewusst. Er steht auf, weil alle aufstehen. Er arbeitet, weil die anderen auch arbeiten. Er wird zum Mitglied in einer blinden und unbewussten Masse, zum Schaf unter Schafen, die vergessen haben, dass sie von ihrer Natur her Löwen sind.

Stell dir bei allen wichtigen Dingen und Tätigkeiten deines Lebens die folgenden Fragen: **Warum mache ich das, was ich tue? Will ich das wirklich tun, was ich tue. Tue ich das, was ich zu tun liebe? Und liebe ich das, was ich da täglich tue und lebe? Und die nächste wichtige Frage lautet: Wie, auf welche Weise tue ich das, was ich tue?** Das sind Kernfragen, die sich viele

Menschen gar nicht zu stellen trauen, weil sie ahnen, dass ihre ehrlichen Antworten sie zu Konsequenzen, zu neuen Entscheidungen aufrufen könnten. Es fühlt sich peinlich an, sich eingestehen zu müssen, dass man ein Leben lebt, das man eigentlich gar nicht leben will. Und diese Blöße wollen viele nicht einmal sich selbst gegenüber geben.

Wer ein glücklicher Mensch sein will, der bringt den Mut auf und nimmt sich die Zeit, um die ehrlichen Antworten auf diese Fragen zu finden. Unser Verstand hat keine Ahnung davon, was uns glücklich machen kann im Leben. In diesem Punkt ist er völlig inkompetent. Aber in unserem Herzen sind diese Informationen gespeichert. Dein Herz weiß genau, was dich glücklich machen würde, was dein Ding hier im Leben ist. Aber erst wenige Menschen vertrauen der Stimme ihres Herzens, die beständig zu uns spricht. Hören und verstehen können wir diese Stimme nur, wenn wir uns Zeit nehmen für uns selbst in der Stille und in der Gegenwart ankommen.

An dieser Stelle wendet der Verstand gern ein, dass es so einfach doch nicht gehe. Schließlich könne nicht jeder machen, was er wolle. Dann gäbe es ein großes Chaos auf dieser Welt. Dieses Chaos existiert jedoch schon jetzt, vor allem im Innern der meisten Menschen. **Die eigene Verantwortung für sein Leben zu übernehmen bedeutet, sich als Erstes bewusst anzuschauen, was man tut, warum man es tut und wie man es tut.** Viele Menschen klagen in dieser Zeit, dass sie beruflich etwas tun, was sie eigentlich gar nicht machen wollen. Aber sie glauben, sie hätten keine andere Wahl, und damit ist die Sache für sie erledigt. Wer jeden Morgen einen Arbeitsplatz einnimmt, den er innerlich ablehnt, der sät den Samen für Unglück und Mangelzustände. Mach dir klar, dass die Arbeit, der du im Moment nachgehst, genau die Arbeit ist, die du jetzt machen darfst und sollst. Ob sie das morgen noch ist, weißt du heute nicht. Bei vielen Menschen steht in diesen Jahren ein Wechsel des Arbeitsplatzes an.

Wenn das auch bei dir der Fall zu sein scheint, dann gehe deiner jetzigen Arbeit in dieser Endphase mit so viel Achtsamkeit, Dankbarkeit und Bewusstheit nach wie nur möglich. Das wird den Wechsel zu einer neuen Arbeit erleichtern. Denn dein Groll auf die derzeitige Tätigkeit, dein inneres »Nein« baut eine Barriere auf und macht es der neuen Arbeitsstelle schwer, dich zu finden. Suche nicht krampfhaft mit zahlreichen Bewerbungen eine neue Tätigkeit, sondern sage innerlich: *»Ich öffne mich für eine neue Arbeit, die zu mir passt und die mir Freude macht. Ja, ich will freudig arbeiten und ich danke schon jetzt für die Arbeit, die auf mich zukommt.«* Wenn du diese innere Haltung einnimmst, kann dich das Neue auf leichte Art finden, du musst es nicht krampfhaft suchen, schon gar nicht darum kämpfen.

Wer das Arbeiten oder seine Arbeit innerlich ablehnt, der muss damit rechnen, sie zu verlieren. Warum soll etwas bei dir bleiben, was du nicht liebst? Denn die Liebe ist das, was alle Dinge verbindet. **Die Arbeit zu finden und auszuüben, ob als Selbstständiger oder Angestellter, in der man seine Talente zeigen und einbrin-**

gen kann, und allein oder in einer Gemeinschaft etwas Sinnvolles erschaffen, gestalten oder verwalten kann, gehört zu den Hausaufgaben jedes Menschen. Denn wir sind nicht hier, um unsere Zeit totzuschlagen oder lediglich die Freizeit zu genießen. Der Genuss der arbeitsfreien Zeit kann nur dann ein Genuss sein, wenn uns die Arbeit befriedigt und erfüllt. Diese beiden stehen in einer wechselseitigen Verbindung zueinander. Wer den Sinn der Arbeit nicht erfasst, dem wird auch die Freizeit mit der Zeit recht unsinnig – ohne Sinn – erscheinen.

Sehr viele Menschen leben in einer Partnerbeziehung, die schon längst Patina angesetzt hat, und scheinen sich mit Stagnation, Routine und Langeweile abgefunden zu haben. Schließlich kennt man sich schon eine Ewigkeit und hat sich mit dem Partner und dem eigenen Schicksal arrangiert. Verschwunden ist die positive Spannung zwischen den beiden und auch im Bett läuft allenfalls ein langweiliger Film oder ein wenig Gymnastik, aber was soll's. Besser als gar nichts, denkt es in vielen Köpfen. Aber es wäre ein Fehler zu glauben, dass diese Art von Partnerschaft ohne Folgen bliebe.
Wundere dich nicht, wenn du eines Abends nach Hause kommst und auf dem Tisch einen Zettel mit der einfachen Botschaft findest: »Ich bin weg und ich komme nicht wieder!« Diese »böse« Überraschung erleben in diesen Monaten und Jahren immer mehr Männer und Frauen, die glaubten, eine Ehe oder Partnerschaft bestehe darin, sich gerade noch zu ertragen beziehungsweise der Angst vor dem Alleinsein zu entfliehen. Viele

haben diesen Schock bereits erlebt. Aber dieser Schock ist notwendig und heilsam, damit Menschen dieser Geisteshaltung endlich aufwachen und begreifen, welchen Unsinn sie über Jahre mit sich und dem anderen getrieben haben.

Auch wenn es im Moment noch so schmerzhaft oder schockierend ist, plötzlich ohne Partner dazustehen, es ist oft das größte Geschenk, das der weggehende Partner dem anderen machen konnte. Das meine ich nicht zynisch, sondern absolut ernst. Schließlich muss sich einer von beiden bewegen, damit etwas Neues beginnen kann. Und spätestens drei, vier Jahre nach der Trennung erkennen die meisten dieses Geschenk an und sind dem Expartner für seinen damaligen mutigen Schritt dankbar. Wer sich jedoch auf Dauer als Opfer des ihn verlassenden Partners fühlen will, darf das auch tun. Aber mit dieser Opferhaltung macht man sich selbst noch unglücklicher und zieht weitere »Täter« beziehungsweise Enttäuschungen in sein Leben.

Bei anderen Paaren zieht der Partner nicht aus, aber er beginnt, eigene und neue Wege zu gehen. Er liest neue Bücher, verbringt mehr Zeit mit Freunden, besucht hier ein Seminar, hört dort eine CD und irgendwann bemerkt der Mann oder die Frau, dass in ihrem Partner eine Veränderung vor sich geht. Jetzt hat er oder sie die Wahl. Man kann dem Partner vorwerfen, er sei nicht mehr derjenige, der er einmal gewesen sei. Man kann anfangen zu meckern oder dem Gegenüber Vorwürfe zu machen. Oder man öffnet sich für die Veränderungen seines Partners und nimmt sie zum

Anlass, auch bei sich selbst einmal nachzuschauen, was da vielleicht seit geraumer Zeit nicht mehr stimmt. Vor allem dürfen sich Frauen wie Männer jetzt endlich ihrer so lange und tief verdrängten Verlassenheitswunde annehmen und sie heilen lassen. Wie? Indem sie sich hinsetzen und sich öffnen für das bejahende Fühlen der Angst, der Wut, der Trauer und des Schmerzes, den das kleine Kind in ihr oder ihm bis heute mit sich herumträgt.

Es ist nicht mein Wunsch und mein Ziel, dass sich viele Partner jetzt trennen, sondern dass sie beginnen, ihre Beziehung auf Wahrhaftigkeit und Liebe aufzubauen und aufhören, sich täglich etwas in die eigene Tasche zu lügen. Es wundert mich nicht, wenn Leute zu mir kommen oder mir eine E-Mail schicken und mir vorwerfen, ich hätte ihre Beziehung zerstört: Sie wären verlassen worden, nachdem ihr Mann oder ihre Frau meine Vorträge gehört hätte. Andere kommen zu mir und bedanken sich, weil ich ihre Ehe gerettet habe. Weder das eine noch das andere liegt in meiner Macht. Ich sage nur das, was mein Herz mir als Wahrheit mitteilt. Für das, was du aus meinen Gedanken und Empfehlungen machst, übernimm bitte selbst die Verantwortung.

Genauso unsinnig ist es, seinen Partner missionieren, therapieren, retten oder auf sonstige Weise verändern zu wollen, da man plötzlich glaubt, seine Wahrheit gefunden zu haben. Natürlich kann man eine CD oder ein Buch mal einfach so herumliegen lassen. Denn die

Neugier auf das, was der andere so treibt, lässt manchen danach greifen. Aber jeder hat ein Recht auf sein eigenes Tempo auf dem Weg zu einem neuen Leben in Selbstverantwortung, Klarheit und freudigem Selbstausdruck. Und es ist ein Zeichen von Liebe, dem anderen seinen eigenen Weg und seine Geschwindigkeit zuzugestehen auf dem Weg ins Glück. Wer aber deutlich spürt und sieht, dass sich sein Partner nur trotzig oder beleidigt einigelt, sich weiter unglücklich macht und einen selbst täglich lieblos behandelt, der darf sich liebevoll fragen, ob er sich solch eine Beziehung auf Dauer antun muss. In einer lieblosen Beziehung auszuharren und nicht ehrlich anzuschauen, was man da lebt, ist auch eine Entscheidung, für die jeder seine Verantwortung übernehmen darf.

Lebe männlich und weiblich und finde dein Maß

Viele Menschen sind deshalb unglücklich, weil sie wenig oder gar nichts über das rechte Maß zwischen der männlichen und der weiblichen Art zu leben gehört und gelernt haben. Das betrifft Frauen wie Männer. In beiden gibt es das Männliche und auch das Weibliche. Keine Frau ist zu hundert Prozent weiblich, kein Mann nur männlich. Und das eine ist nicht schlechter oder besser als das andere. Es kommt auf das rechte Maß an, darauf, wie Frauen und Männer diese beiden Seiten des Mensch-Seins in ihrem Alltag leben.

Die meisten von uns haben seit ihrer Kindheit gelernt, dass das männliche zweck- und zielorientierte Machen und Tun, das Tätig- und Fleißigsein im Außen wichtiger und besser sei als das weibliche Nicht-Tun, das nur Sein und Träumen, sich Besinnen, Meditieren, Ruhen, Dösen oder Spielen. Viele haben noch Sätze im Ohr wie »Häng nicht herum! Träum nicht! Tu endlich was! Streng dich an!« Den westlichen Menschen ist es in den letzten Jahrhunderten zur Gewohnheit geworden, sich die längste Zeit des Tages mit Aktivitäten im Außen zu beschäftigen und dem kaum Beachtung zu schenken, was in ihrem eigenen Innern vor sich geht. So haben Männer wie Frauen gelernt, das männliche Prin-

zip höher zu bewerten als das weibliche und einseitig jenes zu leben.

Wir erstellen unsere Checklisten mit allen Aufgaben, die wir erledigen wollen, sind fleißig und reagieren ständig auf Signale der Außenwelt, auf die Erwartungen anderer, das Klingeln des Handys, ankommende E-Mails, die Programme unserer medialen Welt, ob über PC, Fernsehen oder Zeitschriften, oder die zahllosen Veranstaltungen in unserer Stadt. Wir wollen möglichst nichts verpassen und wissen doch, dass wir immer nur einen Bruchteil von dem wahrnehmen können, was an einem Tag im Außen läuft. So wird der Normalmensch mit der Zeit zu einem getriebenen Menschen, der ständig mit irgendetwas beschäftigt ist, nur nicht mit dem Wichtigsten, mit sich selbst und dem, was in ihm vor sich geht. Daher haben viele von uns sich selbst verloren oder noch nie wirklich gefunden. Nicht die eigene Person ist das zentrale Thema, um das sie sich liebevoll kümmern, sondern die anderen und die Themen der Außenwelt ziehen fast ihre gesamte Aufmerksamkeit und Energie auf sich.

Das männliche Lebensprinzip hat jedoch nicht nur negative Seiten. Es ermöglicht uns auch, Entscheidungen zu treffen, etwas Neues zu beginnen und durchzuziehen, Projekte wie den Bau eines Hauses anzugehen und uns erfolgreich im Beruf zu engagieren. Ordnung, Klarheit, Struktur, Entscheidungsfreude, Beharrlichkeit, Elan, Kreativität und Erfindungsgeist sind nur einige der männlichen Qualitäten, ohne die wir nie diesen unglaublichen Lebensstandard erreicht hätten, den wir heute genießen, und den sich unsere Vorfahren nicht hätten träumen lassen. Es gilt also, das Kind nicht mit dem Bade auszuschütten, indem wir das Männliche verurteilen und jetzt nur noch das Weibliche leben wollen.

In der weiblichen Haltung konzentriert sich der Mensch mehr auf sich selbst, hat eine lebendige Verbindung zu seinem Herzen und zu seinem Körper oder zu seinem »Bauchgefühl«. Er nimmt sich Zeit für sich, genießt bewusst die kleinen oder alltäglichen Dinge wie einen Sonnenaufgang, die warme Dusche, den ersten Schluck Kaffee und die frische Morgenluft. Er ist mehr in der Gegenwart. Das weibliche Prinzip betont den Innenbereich des Menschen und erlaubt ihm, bewusst bei sich zu sein, nach innen zu lauschen, das jeweils Stimmige für sich herauszuhören und dieser Stimme zu folgen. Es betont das Zuhören, Empfangen, Einfühlen, Genießen, das Öffnen des Herzens, das Annehmen und Lieben, die Intuition, die Medialität, die Meditation und die Besinnung. In der weiblichen Haltung lernen wir zu vertrauen anstatt zu kontrollieren, etwas geschehen zu lassen und anzunehmen und zu würdigen, auch das, was uns zunächst unangenehm erscheint. Würden wir jedoch nur in dieser weiblichen Haltung verharren, bekämen wir im Leben nicht viel gebacken und ein geordnetes Leben in einer Gemeinschaft wäre kaum möglich. Stell dir vor, du kämst am Morgen zur Bäckerei und es gäbe kein Brot und keine Brötchen (für Bayern: »Semmeln«), weil der Bäcker heute ganz das weibliche Prinzip lebt und sein warmes Bett genießt. Beide Qualitäten sind für Frau wie Mann wichtig und es ist unsere Aufgabe, die für uns richtige Mischung herauszufinden und zu leben. Viele Männer und Frauen leiden darunter, dass ihnen der Antrieb, die Kraft, der Wille, der Mut und die Disziplin fehlen, ihre Träume oder Vorstellungen tatkräftig umzusetzen und zu verwirklichen. Die meisten von ihnen hatten in ihrer Kindheit einen schwachen oder abwesenden Vater, den sie bis heute nicht kraftvoll in ihrem Rücken spüren, sondern mit dem sie noch immer heillos verstrickt sind, ohne es zu wissen.

Auch diejenigen Menschen, die sich aus Enttäuschung über die Vertreter unseres christlichen Erbes den östlichen Richtungen, insbesondere dem Buddhismus zugewandt haben und auf ihre baldige Erleuchtung hoffen, wundern sich, warum in ihrem Leben wie in ihrem Beruf Erfolg und Erfüllung ausbleiben und das Geld zum Leben oft knapp ist. Sie setzen einseitig auf das weibliche Prinzip, auf den Innenbereich des Menschen, und verurteilen die äußere Welt als »Illusion«.

Wie lebst du das Männliche und Weibliche in deinem Leben? Bist du eine eher männliche Frau oder ein eher weiblich-weicher Mann oder umgekehrt? Welcher Pol wird von dir bisher nicht geachtet oder sogar ein wenig verachtet und daher nicht gewürdigt und gelebt? Ich habe an anderer Stelle bereits erwähnt, dass viele Frauen sich in den letzten Jahrzehnten für mehr Männlichkeit entschieden haben, weil sie glaubten, damit erfolgreicher zu sein als ihre Mütter, deren Lebensweise sie partout nicht als Vorlage für ihr eigenes Leben akzeptieren wollten. In der Folge sind viele von ihnen hart geworden, haben die Hosen angezogen und kämpfen sich durchs Leben. Sie wollten auf keinen Fall von irgendjemandem abhängig sein und sind dann sehr überrascht, wenn sie sich doch wieder so fühlen, nachdem sie sich in einen Mann verliebt haben. Sie wenden zwar viel Zeit auf, um das Äußere ihres Körpers ins rechte Licht zu rücken, lassen den Körper auch chirurgisch korrigieren oder malträtieren ihn mit vielen Diäten, aber lieben tun sie ihn nicht.

Unbewusst lehnen sie das Weibliche ab, wollen sich nicht schwach oder verletzlich zeigen und lenken sich wie die Männer von ihren unangenehmen Gefühlen und den alarmierenden Hilferufen ihrer Seele und den Schmerzen ihres Körpers ab. Anstatt sich Zeit zu nehmen für das innere Gespräch mit sich selbst, für Entspannung und Besinnung, reden viele Frauen ständig mit anderen, verbringen mehr Stunden am Telefon als Männer und sind dauernd im Außen aktiv. Hier ähnelt ihre Lebensweise dann doch wieder der ihrer Mütter, die ihr Leben damit zubrachten, sich auf andere zu konzentrieren. Selbst Frauen, die mehrmals pro Woche zur Yogastunde pilgern, sind weit von der inneren Harmonie und Ruhe einer Yogini entfernt, da sie Yoga als eine Art Ausgleichssport zu ihrem sonst sehr männlich durchstrukturierten Alltag verstehen. Dieser Versuch, sich etwas Gutes zu tun, ist genauso zweifelhaft wie jene Versuche der Männer, die tagsüber vielleicht zehn Stunden im Büro ranklotzen und danach am Abend noch ihre Körper in der Muckibude auf Hochglanz schwitzen oder beim Joggen vor dem Fühlen ihrer Gefühle davonrennen.

Beides, Männliches wie Weibliches, will in Frau und Mann gewürdigt und im rechten Maß gelebt werden. Dieses Maß, das gesunde Verhältnis von beiden sieht jedoch bei Frau und Mann ganz unterschiedlich aus, weil die Frau von Natur aus dem weiblichen Prinzip näher steht und der Mann dem männlichen.

So werden wir in Zukunft wieder kraftvolle und dennoch weibliche Frauen erleben, die einerseits wissen, was sie wollen, und im Beruf erfolgreich sind, andererseits aber auch im Kontakt mit ihrem Herzen, ihrem Körper, ihrer Intuition, ihren Gefühlen und ihrer Seele bleiben und sich selbst lieben werden. Begriffe wie Verletzlichkeit, Hingabe, Vertrauen und Sichfallenlassen lösen in ihnen keine Ängste mehr aus, denn sie stehen bei ihm nicht für Ohnmacht, Unterdrückung und Abhängigkeit. Es werden Frauen sein, die sich wieder selbst bewundern und lieben und in ihr Strahlen und Fließen kommen.

Ebenso werden die Männer sich nicht weiter ihrer Männlichkeit schämen und es Frauen recht machen wollen. Sie werden herausfinden, was ihr Männerherz zum Singen bringt und selbst für Freude und Begeisterung in ihrem Leben sorgen und ihr Ding machen. Männer werden sich nicht weiter schämen, weil das Männliche angeblich schlechter sei als das Weibliche, sondern sich selbst in ihrer Männlichkeit anerkennen, ehren und lieben lernen. Der wirklich starke Mann, der aufrecht und aufrichtig durchs Leben geht, gibt auch dem weiblichen Prinzip in seinem Leben Raum, kümmert sich liebevoll um sein Innenleben, hat einen guten Draht zu seinem Herzen und hat wieder Freude an der

Arbeit wie am Spiel. Er hat keine Angst vor seinen Gefühlen und verbindet mit ihnen nicht mehr Schwäche, sondern nutzt sie, um zu einem lebendigen, authentischen und von sich und dem Leben begeisterten Mann zu werden.

Die einseitig männliche Denk- und Lebensweise hat den Mann in einen Zustand großer Erschöpfung geführt. Da er sich von seinem Herzen, seinen Gefühlen und seinem Körper im Bewusstsein weitgehend abgekoppelt hat, ist er zum unlebendigen, beinahe toten Mann geworden, der zwar viele Dinge tut, aber inzwischen nicht mehr weiß, wozu das alles. Der Sinn seines Tuns, ja seines Lebens, ist ihm weitgehend verloren gegangen. Diese empfundene Sinnlosigkeit führt zu einem Gefühl der Leere, von dem er sich mit allen Mitteln abzulenken versucht. Hier liegt auch die Ursache für die vielen Süchte des Mannes.

Unser Herz wie unser Körper, sie lieben beide Seiten, das Männliche wie das Weibliche in uns und in unserem Alltag. Jedoch werden Frauen diese Seiten in Zukunft anders verkörpern und leben als Männer, weil sich die Geschlechter von Natur her sehr unterscheiden. Die innere Wahrnehmung und das Würdigen dieser Unterschiedlichkeit werden auch wieder Energie und eine positive Spannung in die Frau-Mann-Beziehung bringen. Wer wertvolle Informationen darüber erhalten möchte, wie es mit dem Männlichen und Weiblichen in ihm aussieht, dem empfehle ich, ein oder mehrere Male meine Meditation »Die Frau und der Mann in mir« durchzuführen.

Kümmere dich um deine eigenen Angelegenheiten

In unserem scheinchristlichen Abendland wird seit vielen Jahrhunderten gelehrt, dass es wichtiger sei, sich um andere zu kümmern als um sich selbst. Damit haben wir uns sehr viel Unordnung und Leid erschaffen. Denn Menschen, die nicht zunächst für Ordnung, Klarheit, Frieden und Freude in sich selbst sorgen, werden für ihre Zeitgenossen zur Belastung und vergrößern das allgemeine Chaos und Leid. **In der »Kunst«, sich mehr oder weniger ständig um andere zu kümmern, während man selbst nicht glücklich ist, haben vor allem Frauen Spitzenleistungen erbracht.** Sie mischen sich, in der Tradition vieler Müttergenerationen, auch heute noch permanent in die Angelegenheiten ihrer Mitmenschen ein, ohne sich der eigenen inneren Unaufgeräumtheit bewusst zu sein und zu merken, was sie sich selbst und den anderen damit antun. Das Ergebnis dieser Lebensweise kann man gut an älteren Menschen beobachten: Sie sitzen allein in ihren Wohnungen oder im Altersheim und wissen mit sich selbst nicht viel anzufangen, weil sie ihr Leben lang für andere da waren, und sie warten darauf, dass einmal jemand anruft und an sie denkt.

Kennst du jemanden in deiner Familie, der sich immer wieder Sorgen gemacht hat oder es heute noch tut? Es ist fast immer die Mutter, die dieses ungesunde Hobby pflegt und auch noch glaubt, dies hätte etwas mit Liebe zu tun. **Mütter, hört endlich auf mit diesem Unsinn und erkennt, dass ihr euch auf diese Weise nur von euren eigenen Ängsten ablenkt, indem ihr sie als Sorge um eure Liebsten verkleidet.** Noch keine Sorge hat je etwas Positives bewirkt oder jemandem wirklich gedient, sondern sie belastet den unfreiwillig Umsorgten. Die Sorgen unzähliger Mütter liegen den Söhnen und Töchtern tonnenschwer auf den Schultern und verursachen in ihnen Schuldgefühle, wenn es der Mutter oder dem Vater einmal nicht gut geht. Doch auch die Väter, die pflichtbewusst und oft lustlos ihre Arbeit tun, aber außer der Arbeit und der Familie keinen Raum für sich selbst einnehmen und nicht gut für sich sorgen, werden auf Dauer zu einer emotionalen Belastung für ihre Familie beziehungsweise später für ihre Kinder.

Natürlich will eine Familie versorgt, will das Geld verdient, das Essen gekocht, die Wäsche gebügelt und der Haushalt organisiert werden. Es geht nicht darum, alles liegen zu lassen und sich die nächsten Jahre abgeschieden von der Welt in Selbstliebe zu üben. **Aber alles, was wir für die anderen, für unsere Kinder, Partner, Eltern und Freunde tun, erhält einen bitteren Beigeschmack und ist kein Liebesdienst, solange der Beschenkende sich nicht zugleich selbst beschenkt und liebt.** Er wird unbewusst ein Konto mit Schuld erzeugender Habenseite anlegen und erwarten, dafür irgendwann etwas zurückzubekommen. Es ist ein stiller Handel, der sich dann später rächt, wenn der Geber

frustriert und einsam zurückbleibt mit dem Gedanken:
»… und das nach allem, was ich für sie getan habe.«

Denkt ein Mensch tagsüber ständig an andere, dann ist auch das noch lange kein Liebesdienst, weder an sich selbst noch am anderen. Denn wer in seinen Gedanken oft bei anderen ist, kann nicht zugleich bei sich selbst sein. Viele Frauen benutzen auf diese Weise ihre Mitmenschen, vor allem den Partner, die Kinder, die Eltern, um sich nicht mit sich selbst beschäftigen zu müssen. Sie lenken sich so von der eigenen Unzufriedenheit, inneren Leere und ihrem inneren Chaos ab. Möge sich jeder erst einmal um seine eigenen Angelegenheiten kümmern und dem anderen dessen Angelegenheiten überlassen. Viele Frauen überlegen ständig, was ihr Partner gerade tut oder nicht tut. Wessen Angelegenheit ist es, was du isst oder wie viel du trinkst? Es ist deine. Wessen Angelegenheit ist es, wie viel Zeit du mit welchen Menschen verbringst? Es ist deine. Wessen Angelegenheit ist es, wie viele Stunden du arbeitest, ob du Sport treibst oder welchen Film du dir anschaust? Es ist deine. Bist du bereit, die Entscheidung darüber, was der andere tut oder nicht tut, auch ihm zu überlassen?

Wenn der andere offensichtlich ein Problem hat, wenn es ihm nicht gut geht, dann wollen wir ihm schnell helfen und mischen uns ein. Aber wir übersehen dabei oft, dass es zuerst sein Problem ist und nicht unseres. **Wir machen Probleme unserer Nächsten gern zu unseren Problemen. Das ist keine Nächstenliebe, auch wenn es noch so gut gemeint ist. Es ist ein unbewuss-**

ter Übergriff, mit dem wir dem anderen signalisieren: »Ich trau dir nicht zu, dass du selbst deine Angelegenheiten regeln und deine Probleme lösen kannst.« Damit schwächen wir den Mitmenschen. Wir können gern unsere Unterstützung anbieten und sagen: »Wenn du Hilfe brauchst, sprich mich an!«, oder »Wenn du darüber reden möchtest mit mir, bin ich da!« Diese Haltung drückt einen würdigenden Abstand aus.

Jeder Mensch erlebt in seinem Leben mehrere größere und kleinere Krisen, ob in der Pubertät oder in der Schule, wenn die Versetzung gefährdet ist, bei Liebeskummer, wenn der Partner einen verlässt oder mit einem anderen Sex hatte, wenn der Arbeitsplatz wackelt oder der Körper erkrankt, wenn ein Elternteil früh stirbt, wenn man von seinen Mitmenschen abgelehnt und ausgegrenzt wird und bei manch anderen Ereignissen. Durch solche Krisen muss letztlich jeder Mensch selbst hindurch, denn es sind Prozesse, in denen wir wachsen und psychisch stärker werden können. **Versuchen wir einem Mitmenschen die Probleme aus dem Weg zu räumen, dann gleichen wir einem Forscher, der dem Schmetterling hilft, sich aus seiner Verpuppung zu befreien, mit dem Ergebnis, dass der Schmetterling verkümmert. Er ist nicht in der Lage, seine Flügel auszubreiten und zu fliegen. Genauso ist es beim schlüpfenden Küken. Es muss die Schale seines Eies selbst aufpicken. Dieser Akt der Anstrengung macht das Küken erst überlebensfähig.**

Genauso ist es auch für ein Baby während der Geburt ein sehr stärkender Vorgang, wenn es sich durch den Geburtskanal »arbeitet« muss. Es ist nicht nur dieser natürliche Engpass, der das Kind kräftigt. Auch die Schleimhaut, die das Kind bei diesem Vorgang umkleidet, macht es für sein Leben sehr viel widerstandsfähiger und stärkt sein Immunsystem. Immer mehr Frauen tendieren gegenwärtig dazu, ihre Kinder per »Wunsch-Kaiserschnitt« zur Welt zu bringen, und tun ihrem Kind damit nichts Gutes, sondern schwächen es.

Wenn ein Mensch oder ein Tier in unserem Umfeld leidet, löst er oder es bei uns Mitleid aus und wir beginnen, mit ihm mitzuleiden. Aber auch Mitleid hat wie das Sich-Sorgen-Machen nichts mit Liebe zu tun. Der leidende Mensch erinnert uns nur an das, woran wir selbst im Innern noch leiden, an eine ungeheilte Wunde. Ein Mensch, der seine Wunden, wie die des Verlassenwerdens geheilt hat, kann mit einem anderen mitfühlen, er kann sich in dessen Lage mit offenem Herzen hineinversetzen, aber es wird ihn nicht hinunterziehen. Er kann mit klarem Geist bei sich bleiben und seinem Gegenüber dann mit Rat und Tat zur Seite stehen, wenn dieser danach fragt. Aber er wird sauber unterscheiden, was für den anderen eine Hilfe zur Selbsthilfe ist oder was ihn schwächen würde.
Es ist verständlich, dass wir in einer Krise schnell zu Hilfe eilen, um einem Menschen die Situation möglichst zu erleichtern. Aber diese Hilfe kann sich für den Betroffenen als Bärendienst erweisen, weil wir ihm nicht zutrauen, eine schwere Zeit selbst zu bewältigen. Genau wie für die Raupe, das Küken oder das Baby muss es in unserem Leben in Phasen der Dunkelheit heißen: »Da muss ich jetzt allein durch.« Anstatt hel-

fen zu wollen, wäre ein ermutigendes »Du schaffst das schon. Ich trau dir das zu« wirkliche Hilfe. **Das, was wir »Krisen« nennen, sind wichtige Wachstumsprozesse, die unsere Seele erfahren und bewältigen will. Nehmen wir uns selbst also die Zeit und Ruhe für unsere eigenen Angelegenheiten, für Einkehr und Besinnung, für das Reflektieren und Meditieren, für Ruhe und Entspannung, für das Fühlen und Verwandeln unserer Gefühle.** Es ist das größte Geschenk und wir machen es nicht nur uns selbst, sondern auch unseren Liebsten, und ermutigen sie, ihren Weg durch Krisen und Herausforderungen vertrauensvoll zu gehen.

Mütter, Väter, lasst eure Kinder endlich los!

Wer morgen Freude an seinen erwachsenen und glücklichen Kindern haben will, der darf beizeiten anfangen, sie innerlich loszulassen und ihnen Stück für Stück die Verantwortung für ihre Angelegenheiten zu übertragen. Das betrifft vor allem die Mütter, die sich seit Generationen ihre Kinder gekrallt haben. Sobald Frauen Mütter werden, beginnen viele von ihnen, sich vom Frau-Sein zu verabschieden und ihr Mutter-Sein zum Hauptjob ihres Lebens zu machen. Nach dem Motto »einmal Mutter, immer Mutter« wechseln sie aus dieser Rolle nicht mehr zurück zur Frau in sich, auch dann nicht, wenn Sohn oder Tochter schon dreißig sind. Das hat fatale Folgen für alle Beteiligten: für sie selbst, für den Ehepartner und für die Kinder. Mütter benutzen ihre Kinder unbewusst, um sich wichtig zu fühlen und Macht auszuüben, aber auch um die Ohnmacht zu kompensieren, die sie während ihrer Kindheit häufig empfunden haben. Das kleine, von ihnen physisch und psychisch abhängige Kind ist das ideale Objekt, um sich von sich selbst abzulenken. Ob sie wie eine Glucke ständig um das Kind herum sind und sich ängstlich oder überfürsorglich darum kümmern, ob sie die Tochter oder den Sohn ständig fragen, mit wem sie zusammen waren, was sie vorhaben und wie viele

Hausaufgaben sie machen müssen, oder ob sie durch ihr stilles oder ganz offenes Leiden, Jammern und Klagen deutlich machen, dass eine Mutter es heutzutage (wegen der Kinder) schwer habe – in allen Fällen legen sie einen Strick um den Hals ihres Kindes, von dem sich Sohn oder Tochter oft ihr Leben lang nicht mehr befreit.

Vermutlich glaubt der eine oder andere, dieses Bild sei überzeichnet. Ich kann dir aus meiner Erfahrung in Seminaren und Therapien versichern: Es ist eher untertrieben. Darum habe ich die Mutter der Kindheit die »größte Tür in deine Freiheit« genannt. **Damit die Söhne und Töchter von heute nicht morgen noch als Fünfzigjährige mutterverstrickt durchs Leben laufen, und damit die Liebe zwischen Frau und Mann auch nach vielen Jahren noch frisch, lebendig und spannend bleibt, dürfen die Mütter jetzt umdenken und ihr Mutter-Dasein als vorübergehende Zeitarbeit betrachten.**

Eine Frau, die sich in erster Linie über ihr Mutter-Sein definiert, besitzt eine andere Ausstrahlung als diejenige, für die das Mutter-Sein nur ein Aspekt unter mehreren ihres Frauenlebens ist. Spüre selbst einmal in die Energie des Wortes »Mutter« und in die des Wortes »Frau« hinein. Eine »Mutter« definiert ihr Leben vor allem im Bezug auf ihre Kinder. Die meiste Zeit des Tages kreisen ihr Denken, Fühlen und Handeln automatisch um sie und nicht um das eigene Glück.

Und der Mann wird ebenfalls schnell zum »Opfer« ihres Mutterwahns, auch wenn sich viele mutterverstrickte Männer gern freiwillig als weiteres Kind unter ihre Gluckenfedern begeben. Hast du schon einmal die Frage gehört: »Mutter, haben wir gekocht?« Und am Abend geht's dann mit Mutter ins Bett. Sehr prickelnd wird das nicht. Viele Männer beklagen, dass sich die Sexualität ihrer Frau schlagartig verändert hat, nachdem sie Mutter geworden war. Manche fühlen sich regelrecht betrogen und sagen: »Vorher war ich gefragt im Bett. Seitdem das Kind da ist, macht sie dicht und lässt mich abblitzen.« Ich werfe dieses Verhalten keiner Mutter vor, denn sie macht es unbewusst und glaubt, das Richtige zu tun. Wenn Mütter dies über viele Generationen gemacht haben, dann braucht es jetzt eine Zeit der Umstellung und Bewusstwerdung. Diese Zeit ist jetzt da. Nicht nur wir selbst dürfen uns jetzt konsequent aus den Verstrickungen mit Mutter und Vater der Kindheit lösen. Auch umgekehrt dürfen heutige Mütter und auch Väter sich die im Innern erzeugten Schnüre, Kabel und Ketten einmal anschauen, mit denen sie sich an ihre Kinder gekettet haben und diese an sich. In der Meditation »Eltern helfen ihrem Kind« kann jeder diese Verstrickungen sehen und spüren und sich selbst und seine Kinder daraus befreien.

Ein Kind ist kein unfertiges Wesen, das von Erwachsenen bearbeitet (heißt: erzogen) werden muss, damit aus ihm ein »richtiger« Mensch wird. In jedem Baby steckt ein vollständiges, unschuldiges, geistiges Wesen mit mehr Liebe und Weisheit, als uns bewusst ist, und von dem sich Mütter und Väter eine Scheibe abschneiden könnten. Dieser Geist des Kindes, seine Seele, wünscht sich Wertschätzung, Respekt, Ansprache und Liebe. Anstelle von »Erziehung« wünscht es sich Vorbilder, Menschen, die mit sich im Frieden sind und ein glückliches, liebevolles Leben leben. Es spürt mit tausend Antennen, wie es Mutter und Vater innerlich und miteinander geht und leidet mit ihnen, wenn es ihnen nicht gut geht.

Dein Kind lernt von dir, keine Frage. Aber was lernt es? Und wodurch lernt es? Deine Ermahnungen, deine Ratschläge, deine Wünsche, deine Befehle, deine Kontrolle – durch diese Dinge lernt dein Kind nichts von dir. **Dein Kind lernt von dir durch das, was du vorlebst, und vor allem, wie du es lebst. Dein Kind lernt durch dein Verhalten. Und von deinen Worten nur das, was mit deinem Verhalten übereinstimmt.**

Dein Kind lernt von dir, verlogen und heuchlerisch zu werden oder wahrhaftig und ehrlich zu bleiben. Dein Kind lernt von dir, zu sich selbst zu stehen oder bestimmte Seiten zu verstecken, die du an dir selbst nicht magst. Dein Kind lernt von dir, sich die Freude am Leben zu nehmen, so wie du es selbst tust oder sich Freude in großem Maße zu gönnen, denn von Natur aus ist große Freude in ihm. Dein Kind lernt von dir, sein Urvertrauen ins Leben immer mehr einzuschränken und durch seine Enttäuschungen dem Leben und den Menschen gegenüber misstrauisch zu werden. Dein Kind lernt von deiner Art, zu sein und zu leben und nicht von deinen Vor-Stellungen und den Regeln, die du ihm auferlegst. **Jedes Kind spürt instinktiv, was deine Wahrheit ist.** Und wenn du etwas anderes lebst als was du sagst, dann lernt es genau diese Doppelbödigkeit, und es lernt, sich dir und seiner Situation anzupassen durch trickreiches Verhalten, durch das Ausspielen der Elternteile, durch Verstellen und Verstecken seines wahren Gesichtes und die Unterdrückung seiner wirklichen Gefühle. **Wenn dein Kind erwachsen ist, ist es einer deiner Spiegel geworden. Gott hat es als vollkommenes göttliches Wesen der Liebe erschaffen, was hast du daraus gemacht?**

In dieser Zeit wird wieder viel nach Autorität und nach Führung gegenüber Kindern gerufen. Ja, Kinder brauchen Führung, Struktur und Grenzen, die aus Liebe und liebevoll gesetzt werden. Aber vor allem benötigen sie Vorbilder, die das selbst leben, was sie sagen und von den Kindern erwarten. Das sind die Eltern, Erzieher und Lehrer, die mit sich selbst und ihrem Leben im Reinen sind. Innerlich schwache, verletzte und mit ihren eigenen Eltern verstrickte Menschen können keine guten Menschenführer sein, auch keine guten Führungskräfte in Wirtschaft, Politik und Verwaltung. Sie versuchen, die eigene innere Schwäche zu überspielen oder durch äußere Härte zu ersetzen. Aber sie produzieren vor allem Chaos, inneren Widerstand und Frustration bei den von ihnen Geführten.

Wenn Mütter und Väter ihren Kindern mit Wünschen, Erwartungen, Forderungen, Geboten und Verboten, mit Kritisieren, Korrigieren und neugierigem Fragen ständig auf die Pelle rücken, zwingen sie sie, sich innerlich und äußerlich radikal von ihnen abzusetzen und das Gegenteil dessen zu leben, was ihre Eltern ihnen vorleben. Die Mutter, die ständig Ordnung fordert, obwohl es in ihr, in ihren Gedanken und Gefühlen sehr unordentlich aussieht, zwingt die Kinder zu Unordnung und Chaos. Töchter müssen sich die Haare färben, sich piercen und tätowieren lassen, um zu demonstrieren: »Ich bin anders als meine Mutter.« Väter, die selbst fleißig, strebsam und erfolgreich sind und die Arbeit zum Dreh- und Angelpunkt ihres Lebens gemacht haben, zwingen ihre Söhne dazu, das Gegenstück zu leben und zum Aussteiger, Null-Bock-Vertreter und »Loser« zu werden, der die Schule schmeißt und Drogen nimmt. Je unausgewogener Mütter und Väter ihr Leben leben, desto einseitiger müssen sich Töchter und Söhne verhalten. Sie sagen innerlich: »Ich will alles andere sein, nur nicht wie meine Eltern.« Das ist Verstrickung und Unfreiheit in höchstem Maße.

Es geht jetzt darum, unsere bisherigen Gedanken über Kinder zu überprüfen und unsere Kinder mit neuen Augen anzuschauen und diesen wunderbaren Wesen voller Liebe wieder mit Respekt und würdigendem Abstand und mit viel Neugier zu begegnen. Kinder müssen nicht von uns geformt werden wie die Karosserie eines Autos, sondern benötigen einen liebevollen und wertschätzenden Rahmen, in dem sie all das entdecken und entwickeln können, was in ihnen angelegt ist. Unsere Grundhaltung Kindern gegenüber ist von einer großen Arroganz geprägt, wenn wir uns einbilden, wir würden sie zu »richtigen« Menschen erziehen können. Wer Kindern mit offenen Ohren und mit Respekt zuhört und sie von vornherein wie eigenständige Persönlichkeiten behandelt, die sich ausdrücken und zeigen möchten, der wird erstaunt sein, wie viel Weisheit in ihnen steckt.

Was sind die Grundbotschaften, die du deinem Kind täglich vermittelst – ausgesprochen oder unausgesprochen? Wie oft hast du dein Kind in der letzten Woche spüren lassen oder ihm wörtlich gesagt: »Ich liebe dich!«?

Sag und vermittle deinem Kind, dass du ihm viel mehr zutraust, als es sich selbst zutraut. Sag und vermittle deinem Kind, dass es in Ordnung ist und dass es alles in sich trägt, was es für ein glückliches und erfolgreiches Leben braucht. Sag ihm, dass es klug ist – und es wird klug. Sag ihm, dass es schön ist – und es wird immer schöner. Sag ihm, dass das Leben schön ist – und es wird ein schönes Leben erleben. Sag ihm, dass es Vertrauen haben kann in dich und in das Leben. Sag ihm, dass viele Wunder und Talente und Schätze in ihm stecken, die darauf warten, von ihm entdeckt zu werden – und es wird sie entdecken und ein erfolgreiches Leben leben. Sag ihm, dass jeder Mensch voller Liebe steckt und geliebt werden und lieben will – und es wird viele Freunde in seinem Leben haben.

Sag es ihm nicht einmal im Jahr, sondern lass es dein Kind jeden Tag spüren und sag ihm: »*Ich liebe dich. Und ich bin stolz auf dich. Und ich bin froh, dass du da bist! Du bist in Ordnung! Und du machst deinen Weg in diesem Leben! Und du hast alles in dir, was du für ein glückliches Leben brauchst.*«

Teil III

Auf geht's, in ein neues Leben und Lieben

»Das ist doch alles nicht mehr normal!«

Die großen Veränderungen, die gegenwärtig in unserer Außenwelt, in Wirtschaft, Gesellschaft und Politik stattfinden, lösen in vielen Menschen Ängste aus. Die Welt verändert sich jetzt schneller und radikaler, als unser Verstand es sich vorstellen kann. Aber die größten Veränderungen geschehen jetzt im Menschen selbst. Der »Normalmensch«, wie ich ihn vor allem im ersten Teil dieses Buches beschrieben habe, ist auf dieser Erde im Aussterben begriffen. Diesem Menschen machen Veränderungen immer Angst, denn er will festhalten, stehenbleiben und sich selbst nicht verändern. **Das Leben jedoch bleibt niemals stehen, alles ist ständig im Fluss, in Bewegung und in Veränderung, sowohl im Universum »draußen« als auch im Universum deines eigenen Energiehauses, in deinem physischen Körper und in deinen feinstofflichen Körpern. Wer sich diesem Naturgesetz öffnet und das Wunderbare darin erkennt, der wird gut und leicht durch diese Zeit gehen. Wer es ignoriert und sich gegen die Veränderungen um ihn und in ihm wehrt und Widerstand leistet, der wird die Neugeburt des Menschen schmerzhaft erleben und viel Reibung erfahren.** Die vermeintlichen Sicherheiten im Außen fallen jetzt weg, damit wir zu einer neuen Sicherheit finden, die nur in uns selbst zu entdecken ist. Wer ängstlich nach einer sicheren Welt im Außen sucht, um sich nicht fürchten zu müssen, wird das in Zukunft vergeblich tun. Nur derjenige Mensch wird Vertrauen und ein grundsicheres Lebensgefühl erlangen, der begreift: **Wahre Sicherheit findest du nur in dir selbst. Herrscht in dir, in deinem Bewusstsein, in deinen Gedanken, deinen Gefühlen und in deinem Körper Ordnung und stehst du in lebendigem Kontakt zur Stimme deines Herzens, dann wirst du ruhig und gelassen und voller Vertrauen durch diese bewegte Zeit gehen.**

Manch einer, der jetzt plötzlich vor dem Scherbenhaufen seiner Vergangenheit, seiner zerbrochenen Ehe, seines sicher geglaubten Jobs oder seines kranken Körpers steht, der ihn unvermittelt flachlegt, ruft empört aus: »Das ist doch alles nicht mehr normal!« Und er hat recht. Normal ist das, was jetzt im Leben vieler Menschen geschieht, weiß Gott nicht. Aber dennoch ist es absolut sinnvoll. Wenn etwas Neues entstehen soll, muss das Alte weichen. Die Kernfrage ist, wie wir auf die Veränderungen in unserem Leben jetzt reagieren. **Öffne dich für die Wahrheit, dass die ganze Menschheit jetzt an einem entscheidenden Wendepunkt steht, der vor allem eins zum Ziel hat: ein neues Bewusstsein des Menschen, der endlich begreift und sich wieder daran erinnert, wer er ist, woher er kommt und wozu er hierhergekommen ist.**
Wir sind nicht hier, um ein kleines, »normales« Menschenleben zu leben und irgendwie im Außen über die Runden zu kommen. Wir sind nicht hier, um es irgend-

wie miteinander auszuhalten und durchzuhalten, bis unser Körper vor Schwäche zerfällt. Wir sind nicht hier, um uns gegenseitig zu verurteilen und auszugrenzen, um uns zu verteidigen und unser Schäfchen ins Trockene zu bringen. **Wir sind jetzt hier, um zu entdecken, dass wir Wesen des Lichtes und der Liebe sind, die gekommen sind, um die Liebe auf die Erde zu bringen und sie hier zu leben.**

Wir sind hier, um die großen Unterschiede zwischen Frau und Mann zu erkennen, die uns füreinander so anziehend machen, und die Liebe miteinander in Freiheit zu feiern, ohne uns aneinanderzuketten, die Luft abzudrücken und die Liebe zu ersticken. Wir sind hier, um jetzt unser gesamtes Potenzial zu entdecken und zu erfahren, das immer schon in uns angelegt war und das wir bisher zu weniger als 10 Prozent gelebt haben (über 90 Prozent unserer DNS-Kapazität bzw. zehn von zwölf DNS-Strängen sind bisher inaktiv und werden von unseren klugen Wissenschaftlern als »Müll-DNS« bezeichnet). Wir sind hier, um endlich aufzuwachen aus einem sehr langen Menschheitsschlaf und zu erkennen, dass es in uns eine entscheidende Kraft gibt, von der zwar immer viel die Rede ist, die wir aber nie wirklich ernst genommen haben. Sie heißt »Liebe«.

Wer sich in Leichtigkeit von der Normalität eines zu Ende gehenden Zeitalters lösen will, der möge sich jetzt dieser Kraft öffnen, aus der wir alle stammen und die unsere erste, wahre Natur darstellt. Öffne dich dem Gedanken, dass du im Kern aus Liebe bestehst so wie jeder andere Mensch auch – ohne Ausnahme. Es ist diese Liebe, die dich und jeden von uns jetzt mit aller Kraft an die uns innewohnenden Gesetzmäßigkeiten erinnert. Zu diesen Gesetzen gehören unter anderem:

- Wir kommen aus der gleichen Quelle und kehren alle dorthin zurück. Diese Quelle heißt »Liebe«, »Gott/ Göttin«, »Alles-was-ist«, »Großer Geist« oder wie immer du sie nennen möchtest. Alle Schöpfung kehrt immer zu ihrem Schöpfer zurück.
- Die Liebe ist die größte Macht im Himmel und auf Erden und so auch in deinem Leben. Ob du dich ihr öffnest und sie nutzt, ist deine Entscheidung.
- Diese Liebe erhält alles am Leben und ist das verbindende Element in jedem funktionierenden System. Fehlt es in einem System (Körper, Partnerschaft, Wirtschaftsunternehmen) an dieser Liebe, ist es auf Dauer nicht überlebensfähig und zerbricht.
- Alles ist mit allem verbunden. Es gibt keine Trennung. Jede Trennung im Denken des Menschen verursacht Leid. Im Universum gibt es kein »Nein« und »Ja«, sondern nur »JA«. Nein zu sagen zu dem, was jetzt ist, verursacht Leid.
- Alles lebt, es gibt nichts Totes. Selbst unsere Ahnen leben.
- Der Mensch ist ein ewig lebendes, geistiges (spirituelles) Wesen in einem materiellen Körper. Materie, unter anderem unser Körper, wird immer vom Geist bestimmt, der sie regiert, ob bewusst oder unbewusst. Darum entsteht jede Krankheit im Geist

des Menschen und jede wirkliche Heilung erfolgt ebenfalls immer im Geist.

- Das Wesentliche ist immer unsichtbar. Wende dich darum nach innen. Wie innen so außen.
- Zeit ist eine Illusion, ein Konstrukt des Menschen, und diese Illusion löst sich jetzt auf. Jetzt ist Ewigkeit.

Du bist jetzt hier,
um glücklich zu sein

Viele Menschen glauben immer noch, es sei Glücksache, ob jemand in seinem Leben glücklich ist. Ein erfülltes, glückliches Leben zu leben mit tiefem Frieden im Herzen, mit großer Freude am Dasein, mit Dankbarkeit und Genuss an jedem Tag, hängt jedoch nicht mit Pech, Glück oder Zufall zusammen. Zwar gehen wir alle seit unserer Vertreibung aus dem Paradies der kindlichen Freude und Unschuld einen mehr oder weniger steinigen Weg, weil unsere Seele diese Erfahrungen machen wollte, dennoch fordert sie uns auf, aus diesem alten Leben auszusteigen und die Liebe zum und die Freude am Leben zu entdecken. Wer in seinem Leben zwanzig, dreißig oder mehr schwere Jahre hinter sich hat, ist natürlich geneigt, sie als Beweis anzuführen, dass das Leben nicht leicht sein kann. Aber wie ich dargelegt habe, sind Härte, Schwere, Mühsal und Leiden das Ergebnis unseres bisherigen Erschaffens, des Einzelnen wie der Gemeinschaft. Und auch dieser Weg muss einen Sinn haben, denn unsere Seele hat sich freiwillig auf ihn begeben.

Das Leben fordert uns jetzt massiv auf, das selbst erzeugte Leid und Unglück zu beenden und aufzuwachen aus unserem langen Schlaf der Unbewusstheit, der Ver-

urteilung und des trennenden Denkens und ein großes JA zu sagen zu diesem Leben in diesem Körper auf dieser Mutter Erde. Der Weg ins Glück wird nicht ohne unsere aktive Beteiligung und ohne die Übernahme unserer eigenen Verantwortung für unsere bisherigen Schöpfungen und Mangelzustände gelingen. Wir befinden uns jetzt in der »Waschanlage der Zeit«, die jedem die Möglichkeit eröffnet, sich innerlich von dem zu lösen, was nicht zu seiner wahren Natur gehört, und seine unschuldige Liebesnatur wieder zu entdecken.

Es gilt jetzt, Frieden zu machen mit uns selbst und allen Menschen, unsere »Baustellen« des Unfriedens zu schließen, mit denen wir so viel Wut, Gram und Groll gegen uns selbst und gegen andere erzeugten. Es gilt jetzt, uns die vielen Scham, Schuld und Minderwertigkeit erzeugenden Gedanken und Überzeugungen über uns selbst bewusst zu machen, mit denen wir uns nach unten gedacht haben, diese als unwahr zu erkennen und neu über uns und die Natur des Menschen zu denken. Wenn Millionen von Menschen über sich das Gleiche denken, ist das kein Beweis für die Wahrheit. Aber dieser Glaube, die Kraft des Massenbewusstseins übt eine starke, verführerische Sogwirkung auf den Einzelnen aus, sich diesem unseligen Denken anzuschließen und somit dem kollektiven Leidensweg. Willst du weiterhin der blinden Masse folgen oder dein eigenes Leben leben und wirklich »selbst-ständig« werden?

Du selbst entscheidest, ob du denken willst, dass der Mensch von Natur aus böse und schlecht sei oder voller Liebe und Unschuld. Wenn du weiterhin das Erste denkst, wirst du viele Menschen als böse und schlecht wahrnehmen und auch deine eigenen bisher ungeliebten Seiten in dir verurteilen und dich als »schlecht«, »sündig« oder »Versager« bezeichnen. Warum sehnst du dich nach Liebe und nach Freude? Weil du tief in dir spürst, dass es sie gibt und dass du sie bestens kennst. **Denn du kamst einst aus dem reinen Bewusstsein der Liebe und der puren Freude am Sein und sehnst dich dahin zurück. Und auf diesen Weg zurück zur Liebe, zum Erkennen der Liebe in uns selbst, in jedem anderen und in und hinter allem, was ist, werden wir jetzt geführt. Wie? Über unser Herz, durch die Liebe selbst.**

Unser Herz sehnt sich jetzt danach, zurückzukehren nach Hause. Dieses Zuhause ist jedoch nicht in irgendeinem entfernten Winkel des Universums zu finden, sondern mitten in uns. Der wahre Himmel ist nirgendwo sonst als in uns selbst. Es ist unsere Heimat im Herzen, diesem Ort wahrer Liebe. »Sorge zuerst für das Königreich des Himmels in dir und alles andere wird dir dazugegeben.« Diese Aufforderung von Jesus hat bis heute nichts an Aktualität verloren, im Gegenteil. In diesen Monaten und Jahren nehmen immer mehr von uns dieses Königreich wieder in Besitz.

Wenn du also glücklich sein willst, dann wirst du es nicht dadurch erreichen, dass du dir eine Sache nach der anderen wünschst oder manifestierst. Wer glaubt, es reiche aus, sich nur fest genug dieses oder jenes zu wünschen, der wird von dieser »Wünscheritis« genauso enttäuscht werden wie Millionen von Menschen vom Positiven Denken. Die Wünsche deines Herzens zu erforschen, herauszufinden, was dein Herz zum Singen bringt, um es anschließend zu leben, ist wunderbar. Aber ohne die Liebe zu dir selbst, zu deinen Mitmenschen, zu diesem Leben hier in deinem Körper und zu deiner Quelle, Vater-Mutter-Schöpfer-Gott, der dich ausgestattet hat mit deiner Schöpferkraft, wird der Wunschtraum zur Enttäuschung werden. Es wird dir dann genauso ergehen wie jenen, die ihr Leben als Mensch in diesem Körper als eine Illusion abtun und glauben, um die Übernahme ihrer eigenen Schöpfungen herumzukommen, indem sie still auf einem Kissen sitzen und meditieren oder verzückt zu Füßen eines vermeintlich Erleuchteten dessen Worten lauschen, um von seiner Ausstrahlung etwas abzubekommen.

Wer sich nicht seinen lange unterdrückten Gefühlen mit offenem Herzen fühlend zuwendet und sie verwandelt, wer nicht bereit ist, seinen Eltern, Geschwistern, Expartnern, Exchefs und anderen »Exen« zu vergeben und zu erkennen, dass sie allesamt wie er selbst auf ihrem Weg zur Liebe unterwegs sind, der wird hart auf dem Boden der irdisch-menschlichen Realität aufschlagen.

Wer das Glück und den Segen dieser bewegenden Zeit der Transformation, des Erwachens der Menschheit zu einer Menschheit der Liebe und Freude erfahren will, der wird ebenso wenig um die Klärung seiner Vergangenheit und um den inneren Frieden mit allen Beteiligten herumkommen wie um das Entdecken jenes unschuldigen, göttlichen Kindes, das er einmal war und das mit all seiner Angst, Trauer, Wut und Scham darauf wartet, in ihm entdeckt, angenommen, geliebt und verwandelt zu werden. Das gehört zu unseren »spirituellen« Hausaufgaben, die jetzt anstehen. Um diese Klärung all seiner Schöpfungen wird sich niemand drücken können.

Liebe dich selbst und du bist frei!

Der normale Mensch hat von Kindheit an gelernt, sich in seinem ständigen Machen und Tun auf das zu konzentrieren, was andere von ihm erwarten. Er glaubt, er müsse sich seine Daseinsberechtigung damit verdienen, dass er die Erwartungen, Wünsche und Forderungen seines Partners, seiner Familie, seiner Freunde und anderer Menschen erfüllt. Tut er dies nicht, fürchtet er, zurückgewiesen und kritisiert, das heißt nicht mehr geliebt zu werden. Dieses Verhaltensmuster stammt, wie am Anfang des Buches geschildert, aus seiner Kindheit, als er wirklich abhängig und machtlos seinen Eltern gegenüberstand und ihren Geboten und Verboten folgen musste, um sich ihrer Aufmerksamkeit und Annahme einigermaßen sicher zu sein. Das Kind in uns hat tatsächlich Angst, es wäre nicht überlebensfähig, wenn andere ihm ihre Zuneigung und Aufmerksamkeit entziehen und sich von ihm abwenden würden. Warum sonst brechen Menschen psychisch oft regelrecht zusammen, wenn ihr Partner sie verlässt?

Da wir in früher Kindheit verlernt haben, uns selbst zu lieben, glauben wir immer noch, wir könnten nicht einfach das tun und leben, was unseren eigenen Wünschen entspricht und uns Freude macht. Denn wir lechzen nach der Anerkennung, Wertschätzung und Liebe wie der Junkie nach der Droge. Diese Abhängigkeit macht uns zu unfreien, zu gefangenen Menschen und das macht uns zugleich wütend. Da wir aber diese Wut nicht als unsere eigene Schöpfung aus der Kindheit betrachten, die bejahend gefühlt und liebevoll angenommen werden will, richten wir sie vor allem nach innen, gegen uns selbst. Und unsere Körper singen ihre Klagelieder darüber.

So laufen die meisten von uns mit einem Groll und einem Gefühl der Frustration durch ihr arbeitsreiches Leben und spüren, dass ihre Rechnung »Liebe gegen Anpassung und Leistung« nicht aufgeht. Ausgerechnet mit den Menschen, von denen wir wünschen, geliebt zu werden, geraten wir in Streit, und wir fühlen uns in der Folge innerlich oft leer, einsam, verletzt und verlassen.

Wenn du willst, kannst du dich jetzt selbst aus diesem Gefängnis entlassen. Hör auf, Dinge von anderen Menschen zu erwarten, die du dir selbst nicht geben kannst. Und fang an, dich mit all dem zu beschenken, was du bisher von außen erwartet hast. Denn du hast alles in dir, um dich selbst glücklich zu machen. **Glück ist dein natürlicher Zustand, den du vergessen hast, und der Schlüssel zu ihm heißt LIEBE. Und die Liebe wiederum ist die Tür zum FRIEDEN, zur FREUDE und der Weg in deine FREIHEIT und in die FÜLLE des Lebens. Nur wer sich selbst liebt, kann die Liebe in und hinter allem erkennen. Nur wer sich selbst liebt, steht auf festem Boden, der nicht wanken kann. Nur wer sich selbst liebt, kann Freiheit beanspruchen und Freiheit leben.**

In dieser bewegten und uns bewegenden Zeit der großen Veränderung erscheint das Leben vielen wie ein
Rüttel- und Schüttelbrett, auf dem die alten Sicherheiten im Außen (Arbeit, Partner, Rente, Euro, Klima,
Gesundheit u. a.) ins Wanken geraten. In dieser Zeit
wird jeder erkennen dürfen, was wirkliche Sicherheit
im Leben bietet. Die Liebe und das Lieben ist das einzig sichere und wahre Fundament, das uns ein freies
und glückliches Leben ermöglicht. Wenn alles Äußere
um dich herum wegbricht, wenn du nichts von dem
behältst, was du heute deinen äußeren Besitz nennst,
was bleibt dir dann noch und wer bist du dann? Ein
Häufchen Elend, das mit dem Gedanken an Selbst-
mord spielt? Oder ein innerlich und äußerlich ruhiger
Mensch, der um die Vergänglichkeit des Äußeren weiß
und sein Herz nicht daran gehängt hat, der aber voller
Liebe ist für sich und für andere?

**In dieser Zeit wird jeder von uns herausfinden dür-
fen, was ihm wirkliche Stabilität und Sicherheit bietet.
Es ist die lebendige Beziehung zu seinem Herzen, der
Quelle allen Wissens, aller Weisheit, aller Freude und
Liebe.** Jedes Herz strebt nach Freude und signalisiert
dir jeden Tag, jede Stunde, was nicht in seinem Sinne
ist. Es zeigt dir genau an, wo du dich von der Freude
und von der Liebe wegbewegst. Dein Herz ist das
unverfälschte Stimmigkeitsbarometer, das dich immer
wieder anstupst und dir zuflüstert: »Das hier stimmt
doch nicht für dich! Das ist doch nicht die Liebe, was
du hier lebst. Entscheide dich neu!«

**Manche Menschen glauben, es sei sehr schwierig, sich
auf einmal lieben zu lernen, nachdem man sich über**

ein paar Jahrzehnte verurteilt und nicht geliebt hat. Ich bin da anderer Ansicht. Es ist viel anstrengender, sich jeden Tag selbst das Leben schwer zu machen, mit Schuld, Scham, Groll und Gram in seinem Innern durchs Leben zu gehen, als beherzt zu beginnen, innerlich aufzuräumen und den Krieg mit sich selbst zu beenden. Denn wer sich selbst nicht liebt, ehrt, würdigt und nicht voll hinter sich selbst steht, der führt Krieg gegen sich selbst. Und dieser Krieg in uns und mit uns selbst ist die Grundlage aller Kriege: des Krieges zwischen Frau und Frau, zwischen Mann und Mann und zwischen Frau und Mann; des Krieges in den Firmen und unter den Firmen; des Krieges unter den Religionen und unter den Ländern. Diese Menschheit befindet sich seit sehr langer Zeit im Kriegszustand an vielen Fronten, aber die Wurzel dafür liegt im Krieg des Einzelnen mit sich selbst, in seinem Glauben, er sei nicht gut, sondern schlecht. Der Mensch sei von Natur aus des Menschen Feind. Diesen Unsinn haben uns die Herren in ihren schwarzen Talaren im Namen eines drohenden und strafenden Gottes unablässig gepredigt – und in ihrem Gefolge eine Unzahl von Autoren – und in uns das Bewusstsein vom armen, sündigen Würstchen genährt. Heute laufen ihnen die »Würstchen« in Scharen davon und sie müssen ihre Häuser verkaufen. Ein gutes Zeichen.

Unser Menschenbild und mit ihm das Bild von uns selbst beruht auf einem großen Irrtum. Weil wir uns das Leben in unseren Beziehungen, Familien, Unternehmen und Organisationen schwer machen, weil wir uns nicht gegenseitig ehren, achten und lieben, weil wir uns gegeneinander ausspielen, vergleichen, beneiden und ausnutzen oder gar umbringen, glauben wir, den Beweis für die böse Natur des Menschen gefunden zu haben. **Der Mensch ist jedoch von Natur aus gut, und sein Herz sehnt sich nach nichts mehr als zu lieben. Er hat das Wissen um seine Herkunft und seine Heiligkeit (sein natürliches Heil-Sein) nur tief verdrängt und mit der Zeit vergessen.** An diese göttliche Liebesnatur erinnern sich jetzt sehr viele Menschen und wachen nach einem sehr langen Schlaf wieder auf. Der Mensch beginnt jetzt, in diesen Monaten und Jahren, mit völlig neuen Augen auf sich und diese Welt zu schauen. Er wird aufgeweckt und wachgerüttelt, nicht durch Katastrophen im Außen, sondern durch eine Kraft in seinem Innern, die größer ist als alle anderen Kräfte. Es ist die Macht der Liebe, sein natürliches Erbe, die jetzt mobilmacht und das Bewusstsein der Menschheit in einer Schnelligkeit verändert, die niemand für möglich gehalten hat.

Wer den Segen dieser besonderen Zeit empfangen und wahres Glück erfahren will, der wird nicht darum herumkommen, sich selbst seine bisherige Unliebe zu vergeben und sich zutiefst annehmen, lieben, wertschätzen und würdigen zu lernen. Der Weg in deine Freiheit führt über nichts anderes als über die Liebe zu dir selbst. Und erst dann, wenn du dich selbst liebst und ehrst, werden sich die Baustellen deines Lebens in Luft auflösen, wirst du größte Freude an diesem Leben in deinem Körper erfahren können.

Damit du diesen Weg immer leichter gehen kannst, findest du auf den folgenden Seiten eine kompakte Anleitung zur Klärung deiner Vergangenheit und zu einem Leben in der Selbstliebe – für ein wahrhaft glückliches Leben.

Anleitung für den Weg in ein neues, glückliches Leben

Auf den folgenden Seiten findest du eine Reihe von konkreten Schritten, die du gehen kannst, um im Verlauf einiger Monate dein Leben grundlegend in ein glückliches zu verwandeln. Versuche nicht, alle Hinweise auf einmal umzusetzen, sondern beginne mit einigen von ihnen. **Geh Schritt für Schritt und versuche nicht, dich zu beeilen oder unter Druck zu setzen. Das verlangsamt den Prozess nur.** Die spürbaren Veränderungen, die diese Schritte mit sich bringen, werden dich motivieren, diesem Weg und damit dir selbst treu zu bleiben und Schicht um Schicht deines alten Lebens abzustreifen und in ein neues Bewusstsein hineinzuwachsen.

Du musst dich nicht selbst neu erfinden, denn der neue Mensch, der du morgen sein wirst, ist bereits vollständig in dir enthalten, auch wenn dein Verstand das noch nicht glaubt. Es ist jenes unschuldige und liebenswerte Wesen, das du von Natur aus bist und das du immer sein wirst. Angesichts deiner bisherigen Gedanken über dich mag das verrückt klingen, aber wenn du nach innen gehst und ganz mit dir selbst bist, wirst du immer mehr spüren, dass genau das die Wahrheit ist.

1. Nimm dir Zeit für dich selbst und den Weg nach innen

Wenn es stimmt, dass unsere Innenwelt das bestimmt, was wir im Außen erfahren, dass also alles Äußere, unsere Beziehungen, die Ereignisse unseres Lebens und selbst die Symptome unseres physischen Körpers der Spiegel und die Folge unserer inneren Zustände sind, dann können wir daraus schließen, dass auch nur in unserer Innenwelt die entscheidenden Veränderungen stattfinden und die Weichen gestellt werden können für eine Außenwelt, in der wir uns als glückliche Menschen erleben. Wie innen, so außen, lautet eine der wichtigsten Gesetzmäßigkeiten, denen unser menschliches Leben folgt.

Entscheide dich deshalb jetzt, dir selbst das größte Geschenk zu machen: Geh regelmäßig – bei aller Tätigkeit im Außen – nach innen und beschäftige dich mit den entscheidenden Dingen, mit deinen Gedanken, deinen Gefühlen und mit deiner Vergangenheit, die nicht wirklich vergangen ist, sondern dir lebendig in den Knochen sitzt, mit allem, was dich von einer glücklichen Gegenwart abhält. Nimm dir jeden Tag Zeit für dich, mindestens eine Stunde am Tag, vielleicht am Morgen zwanzig Minuten und am Abend vierzig. Nimm dir am Wochenende einen halben Tag Zeit für dich und erlaube dir, dich zurückzuziehen in die Stille, ob in der Natur oder in deinem Zimmer. Nimm dir ein Wochenende im Monat für dich allein und gönne dir von den 52 Wochen des Jahres zwei Wochen, die du ganz dem Wesentlichen widmest, deiner Beziehung zu dir selbst und zu diesem deinem Leben. Denn dieses Leben ist etwas unendlich Kostbares, ein Schatz – ein Juwel, das du zum Strahlen bringen kannst. Du bist der wichtigste Mensch in deinem Leben und dieser Mensch hat es verdient, dass du dir Zeit und Ruhe für ihn nimmst, ohne dich von anderen und vom äußeren Geschehen ablenken zu lassen.

Vor allem empfehle ich dir, regelmäßig einige meiner Meditationen durchzuführen, mit denen in den letzten Jahren viele Tausend Menschen ihr Leben grundlegend verändert haben. Sie gehören zum Wirkungsvollsten, was du in dieser Zeit finden kannst, um deinem Leben eine neue Richtung zu geben und deine Vergangenheit hinter dir zu lassen.

2. Übernimm Verantwortung für all deine Schöpfungen und überwinde dein Gefühl der Ohnmacht

Öffne dich dem Gedanken, dass du alles, was du jetzt in deinem Körper, deinen Beziehungen, in deinem ganzen Leben vorfindest, auf unbewusste Weise selbst angezogen und erschaffen hast. Du hast es unbewusst getan und wusstest nicht, was du dir selbst und den anderen damit antust. Du hast dich aufgrund deines verurteilenden Denkens, welches dich seit deiner Kindheit prägt, zum Opfer deiner Mitmenschen und des Lebens gemacht, und jede Verurteilung verstärkt bis heute in dir das Gefühl zu leiden, unter Menschen oder deinem Schicksal.

Es waren deine Gedanken über dich selbst, über das Leben und über die anderen, es waren deine Worte und deine Handlungen, mit denen du gestern in dir und in deinem Umfeld das gesät hast, was du nun erntest. Jede Energieform, die du aussendest, kehrt zu dir, dem Schöpfer, zurück und manifestiert sich in deinem Leben als Gesundheit oder Krankheit, Frieden oder Unfrieden, Fülle oder Mangel, Leichtigkeit oder Schwere, Glück oder Unglück.

Wenn du diesen Vorgang anerkennst und dich dazu entschließt, ab jetzt zum bewussten Schöpfer zu werden, steigst du aus deinem gut gepflegten Opferbewusstsein aus. Entscheide dich für den Satz: »*Ich übernehme heute meine Schöpferverantwortung für alles, was ich in mir und meinem Leben vorfinde, für meinen Körper, meine Gefühle, meine Beziehungen, für die Qualität meines ganzen Lebens. Und ich bin bereit, ab jetzt mein Leben bewusst und liebevoll selbst in die eigenen Hände zu nehmen.*«

Mit diesem ersten Schritt öffnest du die Tür, um aus deinem Gefühl der Ohnmacht und Abhängigkeit herauszukommen und deine Schöpferkraft mehr und mehr wahrzunehmen und mit ihr ein Leben zu erschaffen, das dein Herz zum Singen bringt.

3. *Anerkenne und würdige alles, was du derzeit in deinem Leben vorfindest*

Alles, was du bisher erfahren hast und derzeit in deinem Leben vorfindest, hat einen Sinn, auch wenn du diesen bisher noch nicht erkennen solltest. Denn es gibt in diesem Universum nichts Sinnloses. Selbst im schmerzhaftesten Erleben liegt ein Geschenk, eine Botschaft, eine Erfahrung, deren Wert du jedoch erst nach einem mehr oder weniger großen zeitlichen Abstand erkennen kannst. Solange du wütend auf das Leben oder deine Mitmenschen schimpfst und rufst: »Dieser Mist kann doch keinen Sinn haben!«, wirst du diesen Sinn nicht erkennen können. Auch die wütende Frage »Warum?« ist nichts anderes als eine Anklage ans Leben und ein klares »Nein!« zu dem, was jetzt ist. Der Mensch, der diese Frage voller Wut und Verzweiflung stellt, vermag zu diesem Zeitpunkt den Sinn noch nicht zu entdecken und er ist noch nicht offen für die wahre Antwort auf sein »Warum?«

Wenn du deinen Arbeitsplatz, deine Gesundheit, dein Geld oder einen lieben Menschen verlierst, dann ist das natürlich kein Anlass zur Freude. Nimmst du dieses Ereignis jedoch wieder einmal zum Anlass, um dich empört über das »ungerechte« und »völlig sinnlose« Leben zu beschweren, dann wird dir das Leben weiterhin sinnlos erscheinen und du wirst noch mehr Leid in dein Leben hineinziehen.

Das JA zu dem, was in unserem Leben geschieht, ist zunächst ein Akt der Demut vor dem Leben, das einer klaren Gesetzmäßigkeit folgt und nie »ungerecht« oder »unfair« sein kann. Demut bedeutet die Anerkennung der Sprache des Lebens und das Leben spricht: »Es geschieht, weil es – nachdem was vorher geschah – geschehen musste.« Die Hintergründe und Zusammenhänge dessen, was heute geschieht, werden uns offenbar, sobald wir diese innere Verbeugung vor dem Leben machen.

In der Natur gibt es kein »Nein!« zu dem, was geschieht. Kein Baum sagt »Nein!«, wenn er gefällt wird, ob vom Sturm oder vom Menschen. Nur der Mensch besitzt die Freiheit, NEIN zu sagen, denn ohne dieses NEIN hätte er als Schöpfer keinen freien Willen. Dieser freie Wille gehört zu den größten Geschenken des großen Schöpfers, von Vater-Mutter-Gott an uns, und nach Äonen des Abtauchens in Unbewusstheit werden wir wieder an ihn erinnert. Wandle dich vom Opfer, das immer ein unbewusster Schöpfer ist, zum verantwortlichen und selbstbestimmten Schöpfer deines Lebens. Sage JA zu dem, was jetzt ist, und du öffnest die Tür für Veränderung in deinem Leben. Denn das, was du ablehnst, muss bleiben beziehungsweise sich wiederholen. Das JA öffnet die Tür zum Fluss der Dinge, jedes NEIN blockiert ihn. Steige aus diesem Teufelskreis des Verurteilens und Ablehnens jetzt aus. Du kannst das, indem du dich zunächst diesen grundlegenden Gedanken hier öffnest.

4. Werde zum Beobachter dessen, was in deinem Leben geschieht

Fang an, zu beobachten, was in dir und in deinem Leben geschieht. Beobachte und nimm wahr, wer oder was dich aufregt und welche Gefühle in dir auftauchen. Fang an, deine Gedanken aufzuschreiben, die es zu einem Thema in dir denkt, und was dich bewegt, sei es dein Körper, deine Partnerschaft, dein Frau- oder Mann-Sein, dein Allein-Sein, deine Sexualität, dein Geld, deine Arbeit oder sonst etwas. Wer sich hierfür immer wieder Zeit nimmt und sein inneres und äußeres Erleben beobachtet, der erkennt nicht nur den Sinn und die Zusammenhänge hinter allem, sondern nur der wird auch handlungsfähig.

Die meisten Menschen fühlen sich ihren Gefühlen, ihren Gedanken und dem Geschehen im Außen hilflos ausgeliefert und reagieren entsprechend hektisch, panisch, depressiv oder resignierend. Der Beobachter jedoch wahrt durch seine registrierende Haltung einen gesunden Abstand zu allem, sowohl zu seinem inneren Erleben als auch zu dem, was im Außen geschieht. Der Schlüsselsatz, der dich zum Beobachter macht, lautet: »**Ist das nicht interessant, was hier (in mir oder außen) geschieht?**« Das Leben und seine Zusammenhänge sind gut zu verstehen und nachzuvollziehen. Es ist kein Buch mit sieben Siegeln. Aber um es zu verstehen, brauchen wir einen guten inneren Abstand, und für den kannst du selbst sorgen. Dazu nimm dir immer wieder Zeit und komm zur Ruhe. Stift und Papier helfen dir, deine Gedanken zunächst aufzuschreiben und in einem zweiten Schritt zu sortieren. Und die Stille, deine geschlossenen Augen und dein Atmen helfen dir, die Empfindungen deines Körpers und die mit ihnen verbundenen Gefühle immer besser wahrzunehmen.

Besonders die Wahrnehmung von Wiederholungen im Leben ist für uns sehr aufschlussreich. Was sich wiederholt in deinem Leben, ruft dir immer wieder zu: »Na, erkennst du das Muster, das du in dein Leben strickst oder webst?« Wenn wir uns nicht beobachtend selbst anschauen und in uns hineinhorchen, fühlen wir uns dem Leben oft ausgeliefert und empfinden es als Schicksal, das es zu ertragen gilt. Wer aber beginnt, sich selbst, sein Denken, Fühlen, Verhalten und seine Reaktionen auf seine Mitmenschen zu beobachten, der erkennt bald, wo er ansetzen muss, damit sich die Muster morgen nicht wiederholen. Vielleicht sagst du dann morgen innerlich Sätze wie:

- »Ist das nicht interessant, wie schnell ich mich klein und ohnmächtig fühle, wenn mich jemand kritisiert?«
- »Ist es nicht interessant, wie oft ich versuche, alles unter Kontrolle zu bringen, und mir Sicherheit wünsche? Wie oft ich zum Beispiel meinen Partner frage, ob er mich liebt, wie oft ich nachschauen muss, ob alles ausgeschaltet ist, wenn ich die Wohnung verlasse, wie oft ich Checklisten mache, damit ich nichts vergesse?«
- »Ist das nicht interessant, dass ich mich immer dann leer oder einsam fühle, wenn ich Lust auf Alkohol bekomme?«

- »Ist es nicht interessant zu spüren, wie erschöpft ich am Abend bin, auch wenn ich äußerlich gar nicht so viel getan habe?«

Bevor ich etwas Entscheidendes in meinem Leben verändern kann, muss ich verstehen, wie ich es im Augenblick lebe. Die Dinge zu beobachten, hilft dir dabei. Fang also an, zum Beobachter deines inneren und des äußeren Geschehens zu werden.

5. Mache eine Inventur deiner wichtigsten Gedanken und Überzeugungen

Aus dem Wissen heraus, dass unsere Gedanken und Überzeugungen sich in unserem Leben, in unseren Beziehungen und sogar in unserem Körper widerspiegeln und manifestieren, empfehle ich dir sehr, dir diese bewusst zu machen. Erst danach kannst du dich bewusst entscheiden, eine neue Haltung dir und dem Leben gegenüber einzunehmen und neu zu denken. Nimm dir ein paar Abende Zeit, um deine Antworten auf die folgenden vier Fragen zu erforschen. Auch wenn dir noch nie bewusst war, was du genau denkst, hast du bezüglich jeder dieser Fragen eine Vielzahl von Gedanken gedacht und tust es jeden Tag. Benutze für die Beantwortung der Fragen Papier und Stift und nimm dir zur Beantwortung jeder Frage mindestens eine Stunde Zeit.

Frage 1: Was denkt es in dir über dich selbst?

Was denkst du über dich als Frau oder Mann, über deinen Körper, deinen Wert, deine Talente? Was liebst du an dir? Was verurteilst/kritisierst/verachtest du an dir? Wie denkst du über deine bisherige Biografie, deine Arbeit und über die Bedeutung, die dein Leben für andere Menschen hat?

Frage 2: Was denkst du grundsätzlich über das Leben?

Die Antworten auf diese Frage ähneln vermutlich dem, was du seit deiner Kindheit von Eltern und anderen Menschen gehört hast. Schreibe am besten alle Sätze auf, die du bisher über das Leben gehört hast und die dir spontan einfallen. Wenn du dich bisher nicht bewusst für andere Gedanken entschieden hast, denkt es solche Gedanken vermutlich bis heute in dir und das Leben offenbart sich dir gegenüber entsprechend dieser Gedanken.

Empfindest du das Leben zum Beispiel als schwer, anstrengend, wie ein Kampf, eine Prüfung, einen Leidensweg oder kannst du dich dem Gedanken öffnen, dass das Leben voller Geschenke ist und viele Gelegenheiten bietet, seine Gesetzmäßigkeiten zu erkennen? Kannst du dir vorstellen, dass das Leben ständige Veränderung bedeutet, dass es ein Fluss ist, der niemals rückwärts fließt und dass in jedem Moment etwas Neues geschieht?

Frage 3: Was denkst du über deine Mitmenschen?

Glaubst du zum Beispiel, dass es gute und böse Menschen gibt, dass man sich im Leben gegen andere durchsetzen muss, weil nicht genug für alle da ist? Was glaubst du über die »Arsch-Engel« in deinem Leben? Glaubst du an Täter und Opfer? Oder glaubst du, dass wir alle hier im gleichen Boot sitzen, dass wir alle aus der gleichen Quelle stammen und dass in jedem Menschen ein Herz schlägt, das nichts als lieben will?

Frage 4: Was denkst du über das Sterben und den Tod? Glaubst du, dass dies das einzige Leben ist, das du lebst, und dass nach deinem letzten Ausatmen nichts mehr von dir übrig bleibt? Oder kannst du dich dem Gedanken öffnen, dass du von Natur aus ein geistiges Wesen bist, das nicht sterben kann, sondern ewig lebt? Kannst du dir vorstellen, dass du schon oft in einem Körper auf dieser Erde warst? Dass dieses Leben und seine Erfahrungen sehr viel mit deinen anderen Leben zu tun hat, dass dein Weg also über viele Leben hier auf Mutter Erde führt?

Je klarer dir deine bisherigen Gedanken und Überzeugungen zu diesen Fragen sind, desto bewusster kannst du sie überprüfen und sie in Frage stellen: »Kann ich absolut sicher sein, dass dieser Gedanke wahr ist?« Wenn du unsicher bist, lies dir jeden Satz einzeln laut vor, schließe dann deine Augen, denke nur diesen einen Satz und frage dich: Wie reagiere ich innerlich, wenn ich diesen Gedanken denke? Nimm wahr, welche Reaktionen dein Körper zeigt, ob es in dir eng oder weit, entspannt oder angespannt, wohlig oder unwohl wird. Dann fühle die Emotion, die hinter der oder parallel zur körperlichen Reaktion auftaucht. Ist es ein schönes Gefühl wie Freude oder ein unangenehmes Gefühl wie Angst, Wut oder Ohnmacht? Dein Körper ist ein hochintelligentes Energiesystem und besitzt die Fähigkeit, wahre von unwahren Gedanken unterscheiden zu können. Gedanken, bei denen sich dein Körper zusammenzieht und eng wird, entsprechen nicht der Wahrheit, während er sich bei wahren Gedanken ausdehnt, sich entspannt oder leicht wird.

Nimm die folgenden Beispielsätze und spüre hinein, wie dein Körper auf sie reagiert und welche Gefühle in dir auftauchen, wenn du sie denkst:

»Im Leben bekommt man nichts geschenkt.«
»Ich liebe das Leben und das Leben liebt mich.«

»Ich habe sehr viele Fehler in meinem Leben gemacht.«
»Ich habe sehr viele Erfahrungen in meinem Leben gemacht.«

»Die Menschen sollten mich besser behandeln.«
»Ich darf mich noch mehr lieben mit all meinen Seiten.«

»Mein Partner sollte mich besser behandeln.«
»Ich sollte mich besser behandeln.«

»Die Menschen sollten nicht so aggressiv sein.«
»Ich könnte mich selbst liebevoller behandeln.«

»Wenn ich sterbe, ist mein Leben zu Ende.«
»Wenn ich aus meinem Körper gehe, geht mein Leben weiter.«

6. Öffne dich für ein neues Denken über dich und für die Liebe zu dir selbst

Deine bisherige Beziehung zu dir selbst beruhte vermutlich auf verurteilenden Gedanken, die du seit deiner Kindheit von anderen übernommen hast. Niemand hat dir gesagt, dass du ein überaus liebenswertes, wunderbares Wesen bist, als das du dich am Anfang deines Lebens in diesem Körper noch empfunden hast: neugierig, frei, spielend, träumend, mit offenem Herzen und ohne Vorurteile dir und anderen gegenüber. Dieses unschuldige Wesen ist deine wahre Natur und sie kann von niemandem verändert werden. Nur können wir das nicht erkennen, solange wir unsere völlig verzerrten, unwahren Gedanken und Urteile über uns selbst (und über andere) nicht ändern. Diese Freiheit jedoch hast du und du wirst jetzt, in dieser bewegenden Zeit, sehr ermutigt und aufgefordert, diesen entscheidenden Schritt zu machen. Wir können uns bewusst dafür entscheiden, was und wie wir über uns selbst denken und wie wir uns behandeln wollen. Du kannst dich jetzt für die Liebe entscheiden, die deine erste Natur ist.

Wenn du hier in diesem Körper ein schönes und glückliches Leben erfahren willst, dann führt kein Weg daran vorbei, dich für die Liebe und das Lieben zu öffnen und bei dir selbst zu beginnen. Die Liebe gehört wie deine Schöpferkraft zu deinem natürlichen Erbe, das du mit auf die Erde gebracht hast. Und deine Seele wartet darauf, dass du dich jetzt wieder an dieses göttliche Erbe erinnerst, daran, dass du aus der Liebe kamst, um sie hierher auf die Erde zu bringen. Niemand kann dich davon abhalten, dir selbst alle Liebe zu schenken und dein Herz für dich selbst und für deine bisherigen Schöpfungen zu öffnen. Zu deinen Schöpfungen gehören unter anderem deine Gedanken, deine Gefühle und alle Erfahrungen, die du in deinem Leben gemacht hast. Wenn du anfängst, dich zu lieben, verschwinden die Probleme mehr und mehr aus deinem Leben.

7. Vergib dir selbst und korrigiere deine Selbstverurteilungen

Den wenigsten Menschen ist bewusst, dass die eigentliche Ursache für ihr Unglücklichsein darin besteht, sich seit der Kindheit selbst zu verurteilen. Wie ich im ersten Teil des Buches aufgezeigt habe, entziehen wir uns selbst die Liebe, wenn andere uns als Kind kritisieren, korrigieren und uns deutlich machen, dass wir uns ändern müssten, um ihre Liebe und Anerkennung zu erhalten. Der Beginn dieser Selbstverurteilung liegt lange zurück und lange haben wir sie eingeübt, daher ist uns nicht mehr bewusst, dass wir selbst zu unserem größten Feind geworden sind. Der Grundgedanke der meisten Menschen über sich selbst lautet: »So wie ich bin, bin ich nicht in Ordnung, nicht liebenswert. Ich muss mich ändern und ein besserer Mensch werden.« Dieser Gedanke produziert in uns Schuld, Scham und Kleinheitsgefühle.

Jedes Mal, wenn du an einem anderen etwas kritisierst oder glaubst, jemand habe dich verletzt und dir ein Unrecht zugefügt, steckt dahinter eine Verletzung, die du dir selbst zugefügt hast. All die Gedanken wie »Ich bin nicht gut/schön/klug/erfolgreich/spirituell … genug« gehen in die Welt hinaus und sorgen dafür, dass dich auch andere Menschen ablehnen und dich nicht liebevoll behandeln. Begreift man nur diesen einen Zusammenhang und wendet sich der ersten Ursache allen Leids, seinen Selbstverurteilungen, zu und beginnt, diese zurückzunehmen, weil man sie als unwahre Gedanken des kleinen Kindes in sich erkennt, dann hat man den Schlüssel für Freude, Frieden, Freiheit und ein glückliches Leben in der Hand. Es geht in erster Linie nicht darum, uns zu ändern, sondern unser liebloses, verurteilendes Denken über uns.

Du kannst dir selbst vergeben, wenn du einsiehst, dass du es in deinem ganzen Leben so gut gemacht hast, wie du konntest und wie es deinem Bewusstseinsgrad entsprach. Du wusstest und konntest es in der Vergangenheit nicht besser. Heute bist du aber ein anderer und verstehst die Zusammenhänge immer besser. Wer unbewusst handelt, denkt und spricht und damit nicht weiß, was er tut, der kann auch nicht wirklich schuldig sein. Egal, ob du dein Geld an andere verloren hast oder in deinem Beruf nicht erfolgreich warst, vielleicht eine Insolvenz hinter dir liegt, ob zwei oder drei Ehen nur kurz gehalten haben oder dein Körper krank ist, niemand kann dich davon abhalten, dir deinen unbewussten Weg zu vergeben, deine Unschuld anzuerkennen und das Blatt deines Lebens zu wenden. Dieser Akt der Vergebung geht jedoch nicht nur über deinen Kopf, über das Denken, sondern nur, wenn du dein Herz öffnest für dich und bereit bist, dir selbst alle Liebe zu schenken und dich selbst als ein liebenswertes, unschuldiges Wesen anzuerkennen und anzunehmen. Das Herz, also die Liebe, klagt niemals an, verurteilt nicht und bestraft nicht. Die Liebe des Herzens umfängt alles, wie eine Auster ein Sandkorn umfängt und daraus eine Perle erschafft. Wenn du mit den Augen deines Herzens auf dein bisheriges Leben zurückschaust, wirst du erkennen, wie jeder Tag, jedes Ereignis, jede Begegnung und jede Beziehung dich zu genau dem Punkt geführt haben, an dem du heute stehst. Nichts war umsonst, nichts ohne Sinn, weder das Schöne, noch das Schmerzhafte, weder dein Lachen noch deine Tränen.

Sich selbst zu vergeben ist kein einmaliger Akt, sondern eine Grundhaltung, die du dir selbst gegenüber einnehmen darfst. Sie kann von folgenden Worten begleitet sein: »*Heute bin ich bereit und nehme all meine Urteile zurück, die ich über mich selbst gefällt habe. Ich habe es immer so gut gemacht, wie ich konnte. Heute denke ich neu über mich und öffne mein Herz für die ganze Liebe zu mir selbst und zum Leben.*« Wenn du dir eine schöne Unterstützung schenken willst für diese Grundhaltung der Vergebung,

dann empfehle ich dir meine Meditationen »Mir selbst
vergeben, mich selbst annehmen« und »Nimm deinen
Thron wieder ein!«

8. *Befreie dich aus den Verstrickungen mit dem Vater und der Mutter deiner Kindheit*

Wie ich im zweiten Teil des Buchs beschrieben habe,
stellen die Eltern deiner Kindheit die größten Türen in
deine Freiheit dar. Jedes Kind verstrickt sich innerlich
massiv mit der Mutter und selbst mit dem abwesenden Vater. Diese unfreie Vergangenheit samt allen Gefühlen der Ohmacht, Wut, Schuld, Scham oder Trauer
sitzt völlig unverändert in uns, solange wir uns nicht
aktiv der Befreiung davon und dem inneren Frieden
mit den Eltern gewidmet haben. Viele Menschen glauben, sie hätten mit ihren Eltern längst Frieden ge-
schlossen, aber das bezieht sich entweder auf die heutigen, alten Eltern oder der Friede beschränkt sich auf
die mentale Ebene der Gedanken. Die Beziehung zu
deinen Eltern heute und zu den Eltern deiner Kindheit
befinden sich in dir auf zwei völlig verschiedenen »Film-
rollen«.
Das Gefangensein in den Verstrickungen mit dem Vater
und der Mutter der Kindheit hat nichts mit der Qualität deines Elternhauses oder deiner Eltern zu tun. Da
jedes Kind abhängig ist von mindestens einem anwe-
senden Elternteil, sind wir nach wenigen Jahren über
unsere feinstofflichen Körper mit ihnen verstrickt, ver-
kabelt oder gar zusammengewachsen und gehen damit

durch unser ganzes Leben, ohne uns dessen bewusst zu sein. Solange wir uns nicht mit Liebe aus diesen Verkettungen gelöst haben, erleben wir in unserer Partnerbeziehung und in anderen Lebensbereichen, beispielsweise am Arbeitsplatz, Wiederholungen unserer unfreien und unfriedlichen Beziehung zu den Eltern unserer Kindheit.

Darum lege ich dir und jedem Menschen sehr ans Herz, den wichtigsten Personen deiner Kindheit, deinen Eltern und auch deinen Geschwistern, mit dem inneren Wunsch nach Frieden und im Geist der Versöhnung, Dankbarkeit und Liebe zu begegnen. Unsere Eltern haben es so gut gemacht, wie sie konnten, und oft unbewusst gehandelt – wie wir selbst auch. Aber sie haben uns das Leben geschenkt und wir sind mit ihnen daher immer in der Liebe verbunden oder in Unliebe mit ihnen verstrickt. Wer (noch) nicht bereit ist, diese Klärungs-, Befreiungs- und Friedensschritte sehr bewusst zu gehen, der läuft mit vielen Handicaps durch sein Leben und wird immer wieder in Konflikte mit Projektionsfiguren seiner Eltern, ob Beziehungspartner, Schwiegereltern, Vorgesetzte oder andere Autoritäten, geraten und nicht in der Lage sein, sein Leben kraftvoll in die eigenen Hände zu nehmen.

Meine Empfehlung: Nimm dir über acht Wochen einmal wöchentlich die Meditation »Der Vater meiner Kindheit« vor und danach über acht Wochen die CD mit dem Titel »Die Mutter meiner Kindheit«. In jeder dieser Begegnungen wirst du genau sehen und spüren, wie sich die Verstrickungen Woche für Woche mehr lösen und wie du dich und deine Eltern zugleich von der Vergangenheit befreist. Auch wenn du schon zwanzig Familienaufstellungen oder ein paar Hundert Sitzungen in Psychoanalyse hinter dir hast, wirst du über diese befreienden Erfahrungen verblüfft sein. Diese Meditationen, zusammen mit den weiter unten genannten, gehören zu den wirkungsvollsten Werkzeugen, die dich aus einer unfreien Vergangenheit in eine befreite Gegenwart, erfüllt von Wertschätzung und Liebe für deine Eltern und für dich selbst, katapultieren.

9. *Verwandle das Mädchen oder den Jungen in dir*

Parallel dazu begegne ein- oder zweimal pro Woche dem kleinen Jungen oder Mädchen in dir mit der Meditation »Befreie und heile das Kind in dir« oder mit der CD »Besuche und verwandle das kleine Mädchen in dir« (gesprochen von Beatrix Rehrmann). Eine Meditation dauert etwa 35 Minuten, das sind zusammen mit der Begegnung mit Vater oder Mutter pro Woche gut anderthalb Stunden, in denen du dich innerhalb von wenigen Monaten von einer tonnenschweren Last befreien kannst, die du bis heute jeden Tag durch dein Leben schleppst.

Wie ich deutlich gemacht habe, ist es das traurige, einsame, wütende, beschämte oder schuldbeladene Kind, das du einmal warst und das heute noch lebendig in dir sitzt, welches dein Gefühlsleben vor allem in Konfliktsituationen regiert. Wenn dich jemand wütend macht, ist das Kind in dir wütend; wenn jemand Trauer in dir auslöst, ist es das Kind in dir, das sich traurig fühlt. Nicht der erwachsene Mensch, der du bist, hat Angst, verlassen zu werden oder zu scheitern, sondern das Kind in dir, das du damals zurücklassen musstest, als es darum ging, erwachsen zu werden und sich den anderen anzupassen. Die Wunde der Verlassenheit verbunden mit der Angst, wieder einmal verlassen zu werden oder allein zu bleiben, ist eine der größten Wunden, die auf Heilung wartet, und nur du kannst sie heilen lassen.

Entdecke jetzt das Mädchen oder den Jungen in dir, fühle seine Gefühle bejahend und verwandle dieses Kind in ein glückliches Kind, das in dir endlich die Annahme, Liebe und Wertschätzung findet, die ihm die Eltern nicht bieten konnten, weil sie in ihrem Innern selbst noch verletzte Kinder waren.

Du musst dich bei diesen Meditationen an nichts erinnern, was dir seit deiner Zeugung geschehen ist. Das Kind zeigt sich dir von selbst während der Meditationen samt seinen Gefühlen, und du kannst diesmal alle Gefühle bewusst und bejahend fühlen und verwandeln, die du in deiner Kindheit nur ohnmächtig ertragen oder erlitten hast. **Das bejahende Fühlen der Gefühle ist das entscheidende Element der Transformation, nicht das Sehen von Bildern.** Das Kind in dir sehnt sich seit deiner Kindheit nach jemandem, der es bedingungslos liebt und bei dem es Geborgenheit, Ermutigung und Liebe findet. Sei du jetzt selbst die liebende Mutter beziehungsweise der liebende Vater deines Kindes in dir und nimm es am Ende der Meditation in dein Herz. Dort gehört es hin und nur dort fühlt es sich wohl und kann wachsen. Diese Meditation – zusammen mit den Begegnungen mit Vater und Mutter der Kindheit – machen dich zu einem neuen Menschen, der mit Freude, Selbstbewusstsein, Achtsamkeit und Selbstliebe ruhig durch sein Leben geht und weiß, was er an sich selber hat.

10. *Mach Frieden mit allen »Exen« und deinen Geschwistern*

Wenn wir mehr und mehr in die Liebe zu uns selbst gelangen, werden wir auch die Verurteilungen gegenüber den Menschen unserer Vergangenheit und Gegenwart nicht mehr lange aufrechterhalten können, von denen wir uns enttäuscht, verletzt, betrogen oder verlassen gefühlt haben. Dies betrifft unsere Expartner, unsere erwachsenen Kinder, unsere Exchefs, Exkollegen, Exvermieter, Exlehrer oder Exfreunde und manch andere. Jeder bestehende Ärger oder Groll, den wir ihnen gegenüber noch hegen, ist eine alte Wunde in unseren Energiekörpern, die uns tagtäglich belastet, auch wenn sie uns nicht bewusst ist.

Die meisten Konflikte mit den »Exen« lassen sich zwar ursächlich auf die Verstrickungen mit Vater, Mutter und Geschwistern zurückführen, aber dennoch wartet deine und ihre Seele jetzt darauf, dass du auch mit ihnen deinen inneren Frieden schließt. Du musst hierfür nicht mit ihnen im Außen Kontakt aufnehmen, sondern lediglich nach innen gehen und ihnen dort im Geist des Friedens und der Versöhnung begegnen. Hierbei helfen dir Meditationen wie »Die Beziehung zu Partner und Expartner klären und heilen«, »Frieden mit meinen ›Arsch-Engeln‹« oder »Frieden mit meinem Bruder oder meiner Schwester«.

Unzählige Menschen liegen mit ihren Geschwistern seit Jahren im Clinch oder haben den Kontakt zu ihnen abgebrochen. Auch hier sind es die Wunden der Kindheit, die erwachsene Menschen davon abhalten, einander zu verstehen und zu würdigen. Was in der Kindheit geschah, liegt schon Jahrzehnte zurück, aber Gefühle und Gedanken kennen keine Zeit. Und deshalb fühlen wir den Schmerz aus unserer Kindheit samt Wut, Neid, Eifersucht, Ohnmacht und Angst so stark und aktuell, als seien wir erst gestern verletzt worden.

Die Rivalität unter Geschwistern, die Bevorzugung des einen und die Zurücksetzung des anderen, die Ohnmacht gegenüber dem älteren Bruder oder der älteren Schwester, der Neid auf die Jüngste oder den Jüngsten, die zwangsweise Gleichmacherei als Zwilling, die Rücksichtnahme auf den kranken oder behinderten Bruder oder die Schwester, dies und manch andere schmerzhafte Erfahrung mit einem Geschwister sitzen noch heute wie ein Stachel in deinem Fleisch. Das Leben erinnert dich immer wieder daran, bis auch diese Wunde von dir selbst geheilt wurde.

11. *Verwandle unangenehme Gefühle durch dein bejahendes Fühlen*

Wenn es uns nicht gut geht, dann leiden wir am meisten unter unseren Gefühlen, die von Angst über Wut, Trauer, Ohnmacht, Neid bis Eifersucht, Scham und Schuld reichen. Der Normalmensch unternimmt vieles, um sich von diesen Emotionen abzulenken. Er lehnt sie ab und möchte sie schnell loswerden. Aber diese Energien können solange nicht aus unserem Körper gehen, bis wir sie als unsere eigenen Schöpfungen erkannt und bewusst und bejahend gefühlt und angenommen haben. Nur dies bringt sie ins Fließen und kann sie verwandeln.

Wenn du auch nur ein wenig auf dein Innenleben achtest, wirst du wissen, welche Gefühle in bestimmten Situationen in dir hochkommen, egal wer sie auslöst, ob dein Partner, deine Kinder, andere Menschen oder bestimmte Ereignisse. Nimm dir immer wieder Zeit für diese Gefühle, hier zehn Minuten, dort eine halbe Stunde. Setz dich an einen ruhigen Ort, schließe die Augen und sprich dieses Gefühl persönlich an, zum Beispiel so: *»Alle Angst in mir darf jetzt da sein. Ich bin bereit, dich, meine Angst, jetzt zu fühlen. Ich weiß, du bist meine Angst und ich habe dich einmal erschaffen. Und heute bin ich bereit, dich zu fühlen und mein Herz für dich zu öffnen. Jetzt darfst du da sein ...«*
Und dann atme tief und sanft und schau, wo sich deine Angst in deinem Körper aufhält, vielleicht in deinem

engen Hals oder in deiner bedrückten Brust. In deiner Kindheit und über Jahrzehnte deines Lebens hast du diese Angst immer wieder weggeschickt und abgelehnt. Heute kannst du sie mit einem großen JA fühlen und dadurch verwandeln. Wenn du hierfür eine Anleitung wünschst, findest du sie auf mehreren Meditations-CDs von mir wie »Negative Gefühle in Freude verwandeln« oder für Jugendliche auf der CD »Ich habe Angst – aber nicht mehr lange!«

Merke dir die Grundregel: Ein Gefühl heißt »Gefühl«, weil es gefühlt werden will. Genauso wie ein Bonbon den Wunsch hat, gelutscht zu werden, will ein Gefühl gefühlt werden. Du könntest ein Bonbon auch mit einem Hammer erschlagen oder dir irgendwohin stecken. Das würde dem Bonbon vermutlich nicht gerecht. Genauso unsinnig ist es, ein Gefühl abzulehnen oder sich ständig davon abzulenken, denn es muss solange in dir bleiben, bis es bejahend gefühlt wurde und deinen Körper endlich verlassen kann.

12. *Sprich noch einmal ein kraftvolles JA zu dir und zu deinem Leben*

Schon am Anfang unseres Lebens, nicht selten schon im Mutterleib und sehr oft in den ersten Kinderjahren während der Vertreibung aus dem Paradies der unschuldigen Kindheit, haben wir in schmerzhaften Situationen innerlich oft Nein gesagt zu diesem unserem Leben. In Situationen der Angst oder als wir für dies oder jenes mit Liebesentzug oder anderen Mitteln bestraft wurden, haben wir innerlich gesagt »Am liebsten würde ich hier weggehen oder sterben.« Dieser kindliche Gedanke hat die Kraft einer Entscheidung und wirkt nicht weniger kraftvoll als die Entscheidung eines Erwachsenen. Mit solchen Gedanken haben wir damals die inneren Handbremsen angezogen, die auch nach Jahrzehnten ihre bremsende und die Lebensfreude dämpfende Wirkung nicht verlieren, selbst wenn wir sie längst vergessen haben.

Dieses NEIN strahlen die meisten Menschen bis heute aus und es verursacht Konflikte, Niederlagen, Rückschläge und Misserfolge auf ihrem Lebensweg samt den damit verbundenen unangenehmen Emotionen. Willst du ein glückliches Leben in diesem Körper leben, dann darfst du diese Haltung gegen das Leben jetzt widerrufen und dich neu entscheiden für eine kraftvolles JA. Tu dies in einer stillen Stunde einmal ganz bewusst mit den Worten: »*Heute erkenne und anerkenne ich, dass ich mich selbst und mein Leben oft abgelehnt habe. Und ich bin jetzt bereit, diese Nein-Gedanken zurückzunehmen. Ich entscheide mich heute neu. Ich entscheide mich hier und jetzt für eine kraftvolles JA zu mir selbst als Frau (oder als Mann), für ein kraftvolles JA zu diesem meinem Körper, für ein kraftvolles JA zu diesem meinem Leben auf dieser Mutter Erde. JA, ich will leben und ich öffne mein Herz für die Liebe zu mir selbst und die Liebe zum Leben. Dies ist mein Wunsch und meine Wille. Und so sei es!*«

13. *Löse dich aus Schwüren, Eiden,*
Gelöbnissen und Selbstverpflichtungen

Schon als Kind haben wir oft Gedanken gedacht oder
Sätze gesagt, die mit »Ich will nie wieder ...« anfin-
gen. Solche Sätze kommen in ihrer Wirkung einem
Schwur gleich und sie behalten ihre Wirkung während unseres ganzen Lebens. Zu den Sätzen, die oft
gedacht wurden, gehören auch: »Ich will nie wieder
jemandem vertrauen« und »Ich will nie wieder mein
Herz öffnen.« Solche Sätze wirken durch dein ganzes Leben als Hindernis in all deinen Beziehungen, in
denen du dich eigentlich danach sehnst, zu vertrauen,
dich jemandem zu öffnen und zu lieben.

Hast du hingegen Sätze gedacht wie: »Ich will nie wieder von jemandem abhängig sein« oder: »Ich will nie
so werden wie meine Mutter oder mein Vater!«, dann
ist die Wahrscheinlichkeit hoch, dass du verletzt und
aufgebracht reagierst, wenn dein Partner dir dreißig Jahre später vorwirft: »Du bist genau wie deine
Mutter/dein Vater!« Und je unangenehmer dich solch
eine Aussage berührt, desto eher trifft sie zu. Denn,
was du ablehnst, das ziehst du an. Ein anderer Satz,
den ich bei Rückführungen in die Kindheit immer
wieder höre, lautet: »Ich darf nicht glücklicher sein
als meine Eltern.« Sehr häufig glauben Kinder, sie
seien die Ursache dafür, dass es ihren Eltern nicht gut
geht, und sie daher keinen Anspruch auf ein glückli-
cheres Leben hätten, als jene es führen oder geführt
haben.

In anderen Leben war das Ablegen von Schwüren, Eiden und Gelöbnissen noch viel gebräuchlicher als heute. Aber in unseren Seminaren und in der therapeutischen Einzelarbeit entdecken Menschen immer wieder, dass auch solche persönlichen Entscheidungen bis in die Gegenwart hinein in ihrem Leben verhindern, eine festgefahrene Lebenssituation entscheidend zu verändern. So haben die meisten von uns schon einmal Armuts-, Keuschheits- oder Treuegelübde abgelegt, deren bindende Wirkung ihnen völlig unbewusst ist. Auch wer viele Jahre für eine Firma oder Organisation gearbeitet oder dem Vater Staat als Beamter oder Soldat gedient hat oder einer Glaubensgemeinschaft oder Religion angehörte – der hat deren Glaubenssätze verinnerlicht, und ist noch lange nicht frei von ihnen, wenn er diese Gemeinschaft, Firma oder Gruppierung verlässt. Im Feinstofflichen hat er sich im Höchstmaß damit verstrickt und tut sich im Leben oft schwer, ein freies und erfülltes Leben zu gestalten und zu erfahren.

Aus solchen uns meist unbewussten Begrenzungen dürfen und können wir uns heute wieder befreien. Dies geschieht am wirkungsvollsten in einem inneren Ritual, das du in Form einer Meditation durchführen kannst, die auf den CDs »Mich von alten Begrenzungen befreien« oder »Befreiung von Kirche und Religion« zu finden ist.

14. *Triff bewusst eine neue Wahl, entscheide dich neu!*

Vielleicht kannst du dich inzwischen für die Erkenntnis öffnen, dass fast alles, was du in deinem Leben seit Verlassen des Elternhauses erlebt hast, auf deinen unbewussten Entscheidungen beruht, für die du deine Verantwortung als Schöpfer übernehmen darfst. Das Leben und die Menschen sind dir in der Vergangenheit weitgehend so begegnet, wie du dir im Innern selbst begegnet bist; sie haben dich so behandelt, wie du dich selbst behandelt hast. Dieses Gesetz, dass deine erfahrene Lebenswirklichkeit dir deine innere Haltung und den Zustand deines Bewusstseins spiegelt, kannst du nicht außer Kraft setzen, aber zu deinem Wohle nutzen.

Es ist jetzt an der Zeit, Klarheit und Bewusstheit in dein Denken, Sprechen und Handeln zu bringen. Neben der Klärung deiner Vergangenheit gehören hierzu ein paar grundsätzliche Entscheidungen, die du jetzt treffen könntest. Sie lauten:

- *Ich entscheide mich, die Gestaltung meiner Lebenswirklichkeit ab jetzt mit Bewusstheit und Liebe in meine eigenen Hände zu nehmen.*
- *Ich entscheide mich dafür, ein Leben in Frieden mit mir und meinen Mitmenschen, in größter Freude an meinem eigenen Sein, in Freiheit von alten Begrenzungen und in materieller wie geistiger Fülle zu leben.*
- *Ich entscheide mich, mehr und mehr auf meine innere Stimme, die Stimme meines Herzens beziehungsweise*

auf meine Intuition zu hören, anstatt auf die Stimme meines von angstvollen Gedanken begrenzten Verstandes oder auf das, was der »Normalmensch« denkt, der unbewusste, verurteilende Mensch der Masse.

- *Ich entscheide mich, nur noch die Dinge zu tun und zu leben, zu denen mein Herz ein eindeutiges JA sagt, die sich für mich stimmig anfühlen und die mich mit Freude erfüllen. Ich werde mit meinem Herzen keine Kompromisse mehr machen.*
- *Ich entscheide mich, zuallererst sehr gut für mich selbst zu sorgen und Ordnung in meine inneren und äußeren Angelegenheiten zu bringen.*
- *Ich entscheide mich, der Liebe und dem Lieben den höchsten Stellenwert in meinem Leben zu geben. Ich öffne mich für die Liebe zu mir, zu meinen Mitmenschen und zum Leben selbst.*

Nimm dir in den kommenden Wochen Zeit, um deine persönlich formulierten Entscheidungen zu treffen und Antworten auf folgende Fragen zu finden:

Was für ein Mensch will ich sein in meinem Leben?
(ein unbewusster oder bewusster Mensch, ein liebender oder verurteilender, ein sich anpassender oder ein authentischer, ein mit sich und anderen hadernder oder vergebender, ein Brandstifter oder ein Friedensstifter etc.)

Wie will ich mir in meinem Alltag selbst begegnen und mit mir umgehen?
(liebevoll, geduldig, sanft, ermutigend, verzeihend, wertschätzend und aufbauend oder kritisch, verurteilend,

abwertend, antreibend, Druck machend, nachtragend
und mich selbst bestrafend)

**Was soll das Wichtigste in meinem Leben sein, worauf
will ich mich in meinem Alltag konzentrieren?**
Will ich mich zum Beispiel konzentrieren ...
– auf die innere, liebevolle Beziehung zu mir selbst
– auf die Freude und den Sinn am eigenen Tun
– auf Achtsamkeit, Bewusstheit und auf das JETZT
– auf die Dankbarkeit den vielen kleinen und großen
  Geschenken des Lebens gegenüber
– auf das Genießen in allen Lebensbereichen
– auf die Erfüllung meiner tiefsten Herzenswünsche
  und Sehnsüchte

oder
– auf das materielle Überleben in einer Welt scheinbaren Mangels
– auf die Absicherung des einmal Erreichten
– auf das Aufopfern für andere und das Eingreifen in
  die Angelegenheiten anderer Menschen
– auf die Suche und Sucht nach Bestätigung und Wertschätzung durch andere
– auf das, was andere Menschen tun oder nicht tun
– auf die beliebige Meinung der Masse, auf das, was
  »man« tut oder nicht tut

Nimm dir ausreichend Zeit für die Formulierung sol-
cher grundsätzlichen Entscheidungen, mit denen du die
Weichenstellung für dein Leben korrigierst. Schreibe
Sie in dein Tagebuch oder fertige mit ihnen ein wert-

volles persönliches Dokument an. Sprich Sie laut aus im Rahmen eines kleinen Rituals oder einer Meditation an einem besonderen Platz, zum Beispiel unter einem kraftvollen Baum oder auf einem Berg. Sei dir in diesem Moment bewusst, dass dort etwas Wichtiges geschieht und sich das ganze Universum mit dir freut darüber, dass hier ein Mensch in seine Schöpferkraft erwacht und aus seinem alten Leben der Normalität aussteigt. Mit solch einem Entscheidungsritual setzt du einen Prozess in Gang, bei dem du massive Unterstützung vom Leben selbst erhältst. Du wirst auf Menschen, Bücher, Filme und anderes treffen, die dir Impulse und Hinweise für die weiteren Schritte des Wachstums und der Befreiung aus deinem alten Leben anbieten.

Vom Unsinn der »Wünscheritis« und des Zielesetzens

Sehr viele Menschen hofften in den letzten Jahren, durch das Formulieren von Wünschen schöner, erfolgreicher, gesünder oder glücklicher zu werden. Die meisten von ihnen blieben enttäuscht zurück, weil dieser Weg vieles ausblendet, was zum Schöpfungsprozess und zum Wesen des Menschen gehört. Es macht durchaus Sinn, einmal über einige Wochen seine tiefsten Herzenswünsche zu erforschen, wenn man sie noch nicht kennt, um sie von den Wünschen des Verstandes unterscheiden zu können. Einen Weg, die Wünsche seines Herzens zu erforschen und sich für ihre Erfüllung zu öffnen, habe ich in meinem ersten Buch »Willkommen im Reich der Fülle« beschrieben. Wünsche, die aus dem Kopf kommen und nicht mit der Liebe und Freude des Herzens verbunden sind, führen uns auf Umwege und in die Irre. Und so geht es zur Zeit vielen Menschen, die auf der Suche sind.

Die Entscheidungen, die ich dir im letzten Kapitel empfahl, bewusst zu formulieren, sind keine Wünsche, sondern grundlegende Weichenstellungen dahingehend, wer du sein willst hier in deinem Leben und was dein Herz zum Singen bringt. Wenn du ihnen folgst und sie lebst, verändern sie zunächst dein Sein, dein Bewusstsein, deine ganze Ausstrahlung. Es ist die Gesamtenergie, die du täglich in die Welt strahlst, aus dem sich das Äußere, sowohl das Materielle als auch die Ereignisse deines Lebens ergeben. Dein bewusstes Sein, dein Bewusstsein bestimmt darüber, was du in deinem Leben erfährst und genießen kannst. Und wenn dieses Bewusstsein auf Liebe gerichtet ist, auf die Liebe zu dir selbst, zu allen Menschen, zu Mutter Erde und zu deinem Schöpfer, dann wird dieses Bewusstsein schöne Früchte hervorbringen. Das Haben erfolgt also aus dem Bewusst-Sein. **Aber wir werden nicht deshalb glücklich, weil wir dies oder jenes haben, sondern weil wir es lieben, die zu sein, die wir sind. Häng dein Herz darum nicht an materielle Güter, aber genieße sie mit Freude und Dankbarkeit.** Die größte und beständigste Freude ergibt sich jedoch aus der Liebe zu dem, was du bist und wie du aus diesem Sein heraus handelst. Dein Geld, dein Haus, deinen äußeren Besitz wirst du wieder abgeben müssen, wenn du aus deinem Körper gehst, aber die Liebe, die du gelebt hast, wird dir niemand nehmen können. Sie ist dein wahrer Schatz, den du behalten wirst, denn er ist in dir.

Aus einem liebenden Sein mit uns und mit anderen, aus der Liebe am Frau- und am Mann-Sein, aus der Liebe zum Mensch-Sein hier in unserem Körper, aus der Liebe zu Mutter Erde und zur Schönheit der Natur, aus der Liebe zu Vater-Mutter-Gott, aus der Liebe zu unseren Talenten und zu dem, was wir daraus machen, fließt uns Freude zu. Konzentriere dich darum immer wieder auf das Fundament des Glücks, auf das, was du bist, und damit auf die Wahrheit deines Herzens – und lebe sie jeden Tag konsequenter.

Auch das Setzen und Erreichen von Zielen, das beinahe jeder Motivationstrainer empfiehlt, führt nicht zur wahren Freude des Herzens. Dein Herz kennt deinen Weg und weiß um deine Berufung. Wer in gutem Kontakt mit seinem Herzen steht, hört dessen Ruf, greift seine Impulse auf, setzt sie in gelebtes Leben um und freut sich an dem, was hieraus entsteht. Dieser Mensch braucht keine Ziele. **Menschen, die sich auf Ziele fokussieren, leben nicht im Hier und Jetzt, denn ihr Bewusstsein ist auf die Zukunft, auf das Ziel gerichtet und nicht auf den Genuss im Augenblick.** Haben sie ein Ziel erreicht, steht schon das nächste fest und die Hetze geht weiter. Solche Menschen können über Disziplin und Anstrengung viel in ihrem Leben erreichen, was die materielle Seite angeht, aber am Ende werden sie sich fragen müssen: »Und was nun? Bin ich jetzt wirklich glücklich?« Sie fühlen sich nach Jahren innerlich leer und ausgebrannt, weil sie all die Zeit nicht für sich selbst da waren, sondern für ihre Ziele und den äußeren Erfolg. Sie haben das Wichtigste im Leben verpasst.

Der wahre Reichtum des Lebens liegt in jedem bewusst erlebten und genossenen Augenblick. Ein Tag, an dem du wirklich bei dir warst, aufmerksam für deine inneren Regungen, für die Stimme deines Herzens, für das, was dich von außen im Innern berührt und gerührt hat, erscheint dir am Ende wie drei oder mehr Tage.

Auf diesem Weg kannst du dein Leben spielend leicht verlängern. Wer sich darauf konzentriert und sich anstrengt, etwas im Leben zu erreichen, dem entgehen die Geschenke des Augenblicks wie dem Wanderer, der sich darauf konzentriert, den Gipfel des Berges zu erreichen, der aber nicht stehen bleibt, um die vielen Schönheiten rechts und links des Weges zu sehen und die Freude über sie zu spüren. Das ist gemeint mit dem Satz: »Der Weg ist das Ziel.« Genieße jeden Moment deines Weges, dein bewusstes Gehen, Atmen, Fühlen und Lieben und du wirst dich reich beschenkt fühlen am Ende jeden Tages und auch am Ende deiner Tage hier in deinem Körper.

Befreie dich vom Stress deiner Tage

Das Phänomen »Stress« hat sich im Leben der meisten Menschen so fest etabliert, dass sie glauben, ohne ihn ginge es nicht im Leben. Aber jeder Stress ist hausgemacht, auch wenn du vielleicht noch glaubst, es wäre das hektische Leben oder deine nervigen Mitmenschen, die deinen Stress verursachen. Nein, das machst du ganz allein. Und wenn du willst, kannst du damit jetzt wieder aufhören und aus deinem Hamsterrad aussteigen.

Die tiefste Ursache für den Stress in deinem Leben liegt darin, dass du dich selbst nicht liebst, sondern in der Tiefe ablehnst. Von diesem Schmerz versuchen wir uns täglich abzulenken und ihn zu betäuben. Wenn du das begreifst, hast du den entscheidenden Hebel gefunden, um mehr und mehr Ruhe in dein Leben zu bringen. Wie machen wir das? Indem wir unsere liebevolle Aufmerksamkeit immer mehr uns selbst zuwenden und uns zugleich den überflüssigen Reizen unserer Umwelt, seien es Menschen, TV- oder Hörfunkprogramme, dem Multifunktionshandy, den Zeitungen und Zeitschriften und dem unendlichen Angebot des Internet konsequent entziehen beziehungsweise sehr gezielt daraus auswählen und sie nur für begrenzte Zeit bewusst nutzen. Das Unterhaltungsprogramm dieser Welt ist – so wie es heute genutzt wird – ein Schmerzbetäubungsprogramm. Wer jeden Tag zwei oder mehr Stunden im Internet surft und dies nicht aus beruflichen Gründen tut, der will sich vor allem von sich selbst, von seinem Innenleben, ablenken. Diese virtuelle, künstliche Welt wird sein Herz nicht nähren, sondern zu einem vertieften Gefühl der Leere führen. Hier liegt ein großes Potenzial an Zeit und Energie, die wir uns selbst schenken können, um wirklich mit uns selbst und für uns selbst da zu sein und das Leben in seiner ganzen Tiefe zu genießen.

Keine Sorge, du kannst im Leben nichts verpassen, wenn du bei dir selbst bist, auch wenn dein Kopf das manchmal glaubt. Aus dem Überangebot der äußeren Welt gilt es, bewusst eine Auswahl zu treffen, die dich nährt und dich nicht von dir wegführt. Bei allem, was du tagsüber tust, bist du entweder bewusst da oder du »schlafwandelst«. Der Schlafwandler glaubt, er müsse erst vieles erledigen, bevor er sich am Abend vom vielen Tun erholen und vielleicht mal eine Stunde sich selbst zuwenden kann. Egal, was du tust, tue es so bewusst und mit so viel Liebe, wie du kannst, dann erschöpft dich dein Tun nicht. **Es gibt nichts Unwichtiges in deinem Leben, ob du das Frühstück machst, deine Toilette putzt oder Auto fährst. Denn in jeder Minute findet dein wertvolles Leben statt.** Nimm dich selbst mit, wenn du ins Auto steigst und zur Arbeit fährst. Fahr nicht weg von dir selbst. Anstatt das Autoradio anzuschalten, leg eine Musik ein, die dich höher schwingen lässt. Genieße die kleinen und großen Pausen bewusst und kehre immer wieder zu dir selbst zurück, indem du ein paarmal tief durchatmest und für kurze Zeit deine Augen schließt. Wenn du nicht mit klarem Geist und einem großen JA zu dir und zu dem, was du tust, dabei bist, ist es nicht gelebtes Leben. Und das führt wiederum zu einem Gefühl der Frustration und zu einem am Abend erschöpften Körper.

Ich empfehle dir, zum bewussten Energiemanager in deinem Leben zu werden, egal, ob du zwei Kinder hast, berufstätig bist und auch noch einen unglücklichen Partner hast, der an dir zerrt. Wie ich schon beschrieben habe, liegt unser Heil nicht darin, was um uns herum geschieht, oder in dem, was die anderen tun und von uns wollen, sondern darin, wie bewusst, klar und liebevoll wir darauf reagieren. Mir ist klar, dass manche Mutter hier genervt einwirft, ich wüsste nicht, was es bedeutet, zwei oder drei quengelige Kinder zu haben, die täglich an den Nerven zerren. Ich habe größte Achtung vor den Leistungen von Müttern und auch Vätern, aber auch diese dürfen sich ehrlich fragen, ob ihre unruhigen Kinder nicht etliches von der Unruhe oder Wut in ihnen selbst widerspiegeln.
Und wer mit einem inneren »Nein« und einem Widerwillen zur Arbeit geht und sie ohne große Wertschätzung und Aufmerksamkeit verrichtet, den zehrt sie aus. Der kann auch am Abend nicht die Stunden mit sich und seinen Liebsten feiern, sondern wird versuchen, den Frust des Tages mit ablenkenden Tätigkeiten auszugleichen. Auch wenn die Anforderungen und der

Druck in vielen Unternehmen in den letzten Jahren deutlich gestiegen sind, entlässt uns das nicht aus der Pflicht, nach den wirklichen Ursachen unseres eigenen inneren Drucks und Stresses zu fragen, diese zu erforschen und für innere Ruhe, Gelassenheit und Frieden zu sorgen.

Ich habe bereits eine Reihe dieser Ursachen aufgeführt wie den Unfrieden mit uns selbst, unsere unwahren Gedanken und Überzeugungen, unsere abgelehnten und verdrängten Gefühle, unsere Sucht nach Anerkennung und Wertschätzung durch andere, unser ständiges Einmischen in die Angelegenheiten anderer sowie unser Aufopfern für andere, die inneren Baustellen unserer Vergangenheit, die »Leichen« in unserem Keller und manche mehr. Wie wir diese Faktoren ändern können, habe ich in diesem Buch bereits beschrieben.

Eine weitere Ursache für den täglich erlebten Stress ist eine Entscheidung, die viele von uns in der Kindheit getroffen haben: Es war der Wunsch, perfekt zu werden. Dieser Wunsch ist in vielen Menschen zu einem ständig fordernden Selbstläufer geworden. Aus damaliger Sicht ist der Wunsch verständlich. Das Kind sagte sich: »Wenn ich erst einmal perfekt bin, dann werde ich nicht mehr kritisiert, korrigiert und verletzt, sondern nur noch gelobt. Dann ist meine Welt in Ordnung.« Falls du zu den »Perfektionisten« gehörst, dann entlasse dich jetzt aus dem Schwur deiner Kindheit und entscheide dich, dich mit allen Ecken und Macken anzunehmen und zu lieben, dich zu loben und zu unterstützen. Der »Perfektionismus« gehört zu den größten inneren Plagen eines »normalen« Lebens und produziert gehetzte, unzufriedene, missmutige und erschöpfte Menschen.

Ich möchte deine Aufmerksamkeit noch auf einen wichtigen Punkt lenken, der dir hilft, in die innere Ruhe zu gelangen. **Schau immer mehr darauf, wie du die Dinge tust. Tust du sie, weil du glaubst, sie tun zu müssen und keine Wahl zu haben? Oder tust du sie bewusst, bejahend und mit so viel Liebe, wie du in diese Tätigkeit hineingeben kannst?** Nur was mit Liebe getan wird, führt zu einem Gefühl der Sinnhaftigkeit und Erfüllung. Und du allein entscheidest, ob du das lieben willst, was du tust, und dich bei all dem selbst liebst.

Wenn du am Morgen aufwachst und aufstehst, tue es bewusst und mit Dankbarkeit für den neuen Tag. Er schenkt dir eine Vielzahl von Gelegenheiten, dir zu beweisen, dass du dich liebst. Wenn du duschst, tue es bewusst und genieße es. Wenn du frühstückst, sei bewusst dabei und in Gedanken nicht schon woanders. Wenn du Auto fährst, danke dafür, dass du ein Auto hast, und fahre mit Liebe und Respekt zu dir und zu den anderen Autofahrern. Mach alle Dinge, die kleinen wie die großen, immer bewusster, entspannter und genussvoller. Selbst Tätigkeiten, die du nicht so gern machst, wie die Steuererklärung, kannst du dir erleichtern, indem du dabei gut für dich sorgst, zum Beispiel eine Kerze anzündest und deine innere Führung bittest, dich dabei zu unterstützen. Und wenn du nur mit Widerstand deine Steuern zahlst, mach dir einmal bewusst, dass du in einem der reichsten Länder der Welt lebst und einen Wohlstand genießt, von dem Milliarden Menschen auf dieser Erde nur träumen können.

Du allein entscheidest, welche Energien du in Zukunft in die Welt hinausstrahlst, das heißt wessen Geistes Kind du bist, welche Samen du mit deinen Gedanken, Worten und Werken säst und was du erntest, nicht erst im Jenseits, sondern hier und jetzt, morgen, übermorgen und auf deinem ganzen Lebensweg. **Prüfe also genau, wie du durch deinen Alltag und durch dieses Leben gehen willst, als ein Kämpfer, Kritiker, Reklamierer und Verurteilender oder als ein vertrauender, vergebender, wertschätzender und liebender bewusster Schöpfer. Vergiss nie, dass die Liebe bei allem das Wichtigste ist. Denn ohne die Liebe ist alles nichts.**

Der Weg zum neuen Mann

Wie du vermutlich schon bemerkt hast, ist dieses Buch kein Ratgeber, mit dem du die unschönen Seiten deines Lebens ein wenig aufpeppen kannst, um es besser auszuhalten. Es ist eine Aufforderung zu einer radikalen Neubesinnung und Wende in deinem Leben, in der Beziehung zu dir selbst und zu allen anderen. »Radikal« deshalb, weil es die Wurzeln (lat. *radices*) anpackt und anspricht, aus denen heraus wir diese Lebenswirklichkeit als Einzelne und als Gemeinschaft erschaffen haben.

In technologischer Hinsicht haben wir in den vergangenen Jahrzehnten einen ungeheuren Sprung gemacht und es ist zu erwarten, dass in den kommenden Jahren eine Vielzahl an neuen Techniken und Geräten hinzukommen wird, von denen sich unser Kopf noch keine Vorstellung machen kann. Im Vergleich zu diesen wissenschaftlich-technischen Entwicklungssprüngen befindet sich der Mensch, Mann wie Frau, auf der sozialen, psychischen wie spirituellen Ebene noch im Kindergartenalter beziehungsweise auf mittelalterlichem Niveau. Doch jetzt – in der Transformationszeit um 2012 – setzt der Mensch zu einem Sprung aus dem Bewusstsein des tiefen Mittelalters heraus an, einem

Quantensprung seines Bewusstseins hin zu einem neuen Menschen, der mit Achtsamkeit und Wertschätzung mit den Geschenken von Mutter Erde umgeht, der begreift, dass wir alle hier in einem Boot sitzen und aus derselben Quelle stammen und dass es in Wirklichkeit keine Trennung gibt und alles mit allem und jeder mit jedem im Unsichtbaren verbunden ist. Dieser Mensch wird keinen Unterschied mehr machen zwischen dem eigenen Nutzen und Vorteil und dem Nutzen für die Gemeinschaft, sei es in seiner Nachbarschaft, seiner Firma, seiner Stadt, seinem Land oder in der Gemeinschaft der Menschheit. Das Sprungbrett für diesen Quantensprung heißt LIEBE. Ein Verstandesmensch mag dies im Augenblick noch kopfschüttelnd als »naiv« bezeichnen, aber diese größte aller Kräfte wird auch ihn wieder zu seinem Kern, zu seinem Herzen führen, und er wird sich seiner selbst erschaffenen Sackgassen bewusst werden und zu den neuen Ufern des liebevollen Mensch-Seins aufbrechen.

Ich habe im ersten Teil erwähnt, dass jetzt – nach Jahrzehnten des Ausharrens, Durchhaltens und sich Erschöpfens – auch die Männer aufwachen und sich in ein neues Mann-Sein hineinbewegen. Der Weg des alten Mannes geht jetzt schneller zu Ende, als es sich die meisten vorstellen können. Männer wollen und können in Zukunft nicht weiter arbeiten und leben ohne Liebe zu sich selbst und ohne Freude und Sinn am eigenen Tun. Ihre bisher vor Angst verschlossenen Herzen, ihre leidenden Körper und die schmerzhaften, enttäuschenden und frustrierenden Ereignisse in ihren Beziehungen und am Arbeitsplatz lassen sie jetzt aufhorchen und aufwachen. **Der neue Mann entdeckt jetzt sich selbst und sein Mann-Sein als Kernthema seines Lebens, dem er bisher keine Aufmerksamkeit schenkte.** Er übernimmt seine Verantwortung für das Glück und den Sinn seines Lebens, indem er bewusst diesen Sinn mit klaren Antworten auf die Fragen definiert: »Warum will ich hier sein? Was will ich leben? Wer will ich sein in diesem Leben?« Er wird Anspruch erheben auf Freude und Erfüllung in seinem Sein und Tun und wird die Quelle der Freude in sich selbst finden und nicht weiter bei der Frau danach suchen. Sobald er sich selbst in Liebe aufrichtig begegnet, seine Irrtümer erkennt und sich seine Selbstverurteilungen vergibt, wird er sich aufrichten in die Freude eines stolzen und liebenden Mann-Seins. Er wird ein Mann, der sich nicht mit anderen vergleicht und gegen sie kämpft, sondern auch im Bruder den Mann in seiner Einzigartigkeit anerkennen, wertschätzen und lieben lernt.

Er wird erkennen, dass unzählige Generationen von Männern buchstäblich hinter ihm stehen und auf ihn als ihren Fahnenträger schauen und darüber jubeln, dass er der Erste in dieser langen Kette ist, der ein neues Mann-Sein einläutet und – das Erbe seiner Ahnen ehrend – das Allerbeste daraus macht. Über diese Väter und Urväter hinter ihm, für die Selbstliebe, Verletzlichkeit, Gefühlsintensität und Selbstzentriertheit Fremdworte waren, als sie ihre Leben hier im Körper lebten, fließt ihm eine ungeheure Kraft zu: die liebend nährende Kraft der männlichen Ahnen. Er wird sich aus den heillosen Verstrickungen mit seiner

Mutter lösen und sie innerlich seinem Vater zurückgeben. Dadurch erhält er erstmals einen klaren Blick auf die Frau und kann sie so lassen, wie sie ist. Er befreit sich sowohl aus der Unfreiheit des Fraueneroberers, Frauenbeeindruckers, Frauenretters und Frauenkümmerers als auch aus seinen selbst erschaffenen Gefühlen der Schuld, der Scham und Minderwertigkeit, die in ihm das Gefühl der Unfreiheit erzeugten.

Der Mann der Zukunft ist ein Mann der Freiheit. Denn ein Mann, der sich nicht frei fühlt, ist noch nicht beim wahren Mann-Sein angekommen. Diese Freiheit nimmt der neue Mann für sich in Anspruch und in Besitz, befreit sich von allen selbst erschaffenen Unfreiheiten seines Innern, öffnet sein Herz mehr und mehr für dessen Ruf und Sehnsucht und setzt die Impulse dieses Herzens freudig um. **Diese Freiheit bekommt er von niemandem geschenkt, denn sie gehört zu seinem natürlichen Erbe und sie ist gegen niemanden gerichtet und schränkt die Freiheit von keinem anderen Menschen ein, auch nicht die der ihn liebenden Frau(en).** Wer sich vor einem freien, liebenden und schöpferischen Mann ängstigt oder von ihm eingeschränkt fühlt, ist bei seiner eigenen Freiheit noch nicht angekommen.

Die Macht, die in seiner Schöpferkraft liegt, wird er aus dem Bewusstsein der Liebe heraus anwenden und in dieser Verbindung wird er Konstruktives, Schönes, Nützliches und Heilsames in dieser Welt erschaffen. Er wird nicht nur wieder in die Kraft männlicher Stärken wie Klarheit, Entschiedenheit, Schöpferfreude, Beharrlichkeit, Beständigkeit und viele andere gelangen, sondern sie mit dem Weiblichen in sich verbinden. Zu diesen weiblichen Qualitäten gehören unter anderem Mitgefühl und Einfühlungsvermögen, Vertrauen und Geschehenlassen, Gemeinschaftssinn, Sanftmut, Geduld, Zuhören und Empfangenkönnen. **Dieser Mann weiß, dass er nur dann ein starker Mann ist, wenn er auch seine Schwäche und Verletzlichkeit nicht schamhaft vor sich und anderen verbirgt, wenn er sein Herz öffnet für seine bisher ungeliebten Gefühle und die Kraft seines Mann-Seins auf dem Fundament der Liebe ruht.**

Er wird seine Angst vor den Frauen verlieren, in denen er eine Kraft völlig anderer Art spürt, die er nicht fassen kann und die ihn doch fasziniert und anzieht. Er wird die Frau wieder mit würdigem Abstand bewundern, die sich selbst in ihrer Schönheit und Einzigartigkeit bewundert und sich ihrer weiblichen Urkraft, ihrer Wildnatur wieder bewusst ist. Er wird ihr im besten Sinne dienen, ohne sich kleinzumachen und ihr den Platz dort freimachen, wo das Weibliche mit dem Männlichen nicht in lebendigem Austausch steht und harmoniert. Das wird insbesondere in unseren Unternehmen und männlich dominierten Gremien von Politik, Verwaltung, Justiz und Wissenschaft der Fall sein.

Er wird seine Zeit klug aufteilen in die Zeit der Arbeit und in Zeiten, in denen er mit sich allein, mit der Frau, mit dem Kind und mit anderen Männern sein wird. Besonders den Kontakt zu letzteren wird er als liebender und wertschätzender Freund, Bruder und Mentor genießen und pflegen, weil er weiß, dass sich seine männlichen Kräfte im Zusammensein mit ihnen aufladen, ebenso wie sich Frauen energetisch bei Frauen aufladen.

Dieser neue Mann wird mit der neuen Frau eine Beziehung leben in Liebe, Würdigung, gesundem Abstand, Verehrung, Bewunderung und Dankbarkeit, und diese Beziehung wird sich immer wieder erneuern, weil auch beide sich immer wieder erneuern aus der Liebe zum eigenen Mensch-Sein und aus dem Bewusstsein heraus, dass wir alle hier geistige Wesen auf einer Erfahrungsreise in einem menschlichen Körper sind und bisher nur einen Bruchteil unserer wahren Identität entdeckt haben.

Aber bei all dem wird der Mann seinen ganz eigenen Weg als Mann gehen und sein »Ding machen«. Er wird keine Kompromisse mehr mit seinem Herzen machen und auch die Frau nicht mehr als seinen persönlichen Besitz betrachten, sondern als eine freie, eigenständige Persönlichkeit, die ihren eigenen Weg geht. Die Wege zweier selbst-bewusster und freier Menschen können sich immer wieder kreuzen und diese Kreuzungspunkte und Begegnungen werden zu ihrem spezifischen Weg als Paar werden.

Die Frau-Mann-Beziehung wird das Fundament und der Hauptschauplatz der Transformation sein, die jetzt in uns und auf Mutter Erde stattfindet und der sich niemand entziehen kann. Der Mann wird zu einem neuen Verständnis und einem neuen Ausdruck von Männlichkeit gelangen, die mit einem guten Anteil von Weiblichkeit gepaart ist. Er wird weder ein »Weichei«

sein, der im Leben nichts gebacken bekommt, noch ein Macho, der mit gepanzertem Herzen und seiner Ratio und ohne Liebe diese Welt zerstört, weder ein herzverschlossener Workaholic noch ein Null-Bock-Mann oder Loser. Er wird mit Freude und Liebe, aufrichtig und einfühlsam, aufrecht und stolz seinen Weg gehen und der Gemeinschaft sowie den Frauen und Kindern im besten Sinne dienen, ohne sein Herz zu verraten.

Der Weg zur neuen Frau

Viele Frauen, die sich schon länger mit Selbsterfahrung beschäftigen, viele Bücher darüber lesen, Yoga praktizieren oder meditieren, sind der Ansicht, es wäre jetzt auch langsam Zeit, dass sich die Männer bewegten. Sie haben Recht und es wird jetzt auch passieren. Wer jedoch annimmt, die Frauen seien in der Mehrzahl bereits mit sich selbst glücklich und in ihrer Selbstliebe angekommen, der täuscht sich ebenso wie diejenigen, die überzeugt sind, Frauen müssten weiter für ihre Emanzipation in der Gesellschaft kämpfen. Wer kämpfen will, braucht Gegner und erzeugt Gegensätze, die ihn nie aus dem Kämpfen entlassen.

Die stärksten Frauen sind nicht die kämpfenden, sondern die, die sich der wesentlichen Unterschiede zwischen Frau und Mann bewusst sind und ihre eigenen, spezifisch weiblichen Kräfte und Qualitäten in sich entdecken, wertschätzen und leben. Ein starker Mensch, ob Frau oder Mann, kämpft nie, sondern er steht und ruht in sich selbst und weiß, welcher Schatz in ihm angelegt ist. Dieser Mensch liebt sich selbst und die anderen und strahlt eine Kraft aus, die ihm die Türen in ein Leben der Leichtigkeit, des Vertrauens und des Erfolges öffnen. Ich verstehe, wenn die kampfgewohnten männlichen und gerüsteten Frauen in ihren Hosen dies nicht gern hören, da es sie in ihrem eingefahrenen Weltbild verstört. Der Mann ist nicht der Feind der Frau, auch wenn viele ihn gern noch als Projektionsfläche ihres eigenen inneren Unfriedens benutzen.

Die Frau führt bis heute einen Krieg gegen sich selbst, gegen ihren Körper und gegen ihr Frau-Sein. Sie ist zutiefst verunsichert bezüglich der Frage, was denn eine wahre Frau sei, sie leidet unter der heillosen Verstrickung mit der Mutter und dem Vater ihrer Kindheit, unter der Ignoranz gegenüber dem kleinen, verletzten, traurigen oder wütenden Mädchen in ihr und der eigenen, oft schneidend-feindseligen Haltung und Verurteilung anderer Frauen gegenüber. Mit alledem verhindert die Frau ihre Freude, Erfüllung, Gesundheit und ihr Lebensglück mit sich selbst und auch mit einem Mann. Für sie gilt wie für ihn: **Wer sich selbst nicht liebt, ehrt und würdigt und mit seiner eigenen Vergangenheit aufräumt und Frieden macht, der wird die Liebe eines anderen Menschen nicht annehmen können, weil er in der Tiefe glaubt, sie nicht verdient zu haben.**

Ich empfehle jeder Frau, folgende Übung durchzuführen: Nimm dir einen Handspiegel, setz dich bequem in den Sessel und schau dich an. Schau dir in die Augen und halte Blickkontakt mit dir selbst. Kehr von deinem Blick auf deine Fältchen oder Haare immer wieder zurück zu deinen Augen. (Ich weiß, dass fällt vielen Frauen nicht leicht.) Atme sanft und entspannt weiter und achte darauf, welche inneren Reaktionen dein Spiegelbild in dir auslöst, welche Körperempfindungen auftauchen, welche Emotionen du fühlst und auch, welche Gedanken dir durch den Kopf gehen, während du dich anschaust. Bleibe fünfzehn Minuten (ja, so lange) im Kontakt mir dir im Spiegel, stelle die Eieruhr oder den Wecker auf diese Zeit ein.

Wenn du wirklich mit dir Kontakt aufnimmst über deine Augen, wirst du in diesen fünfzehn Minuten sehr genau wahrnehmen, wie die Beziehung zu dir selbst heute aussieht. Wundere dich nicht, wenn dein Kopf nach ein paar Minuten meint, jetzt reiche es aber. Wundere dich nicht über feucht werdende Augen oder über Gefühle der Trauer oder des Ärgers über dich selbst. Egal, was bei dieser Übung hochkommt – sage JA dazu, fühle es bejahend mit dem Bewusstsein, dass diese Übung gut für dich ist, und bleibe bei dieser Übung. Machst du diese Übung zum ersten Mal, hast du vielleicht das Gefühl, es gerade noch so »auszuhalten«, dir in die Augen zu schauen.

Führe diese Übung jeden Tag, über eine Woche oder gar über einen Monat durch, und du wirst dich wundern, was sich von Übung zu Übung in dir verändern wird. Du beginnst, dich wirklich zu sehen und hältst dich nicht lediglich aus. Du wirst dein Herz öffnen können für den Schmerz und die Trauer darüber, dass du den inneren, wahren Kontakt zu dir selbst vor langer Zeit auf Eis gelegt hast. Du wirst beginnen, dir aus deinem Innern zuzulächeln, und es wird dir sehr gut tun. Du wirst das traurige, verletzte und einsame Mädchen in dir im Spiegel erkennen und dein Herz für es öffnen können, einfach indem du es anschaust und liebend bei dir bleibst. Die Tränen, die dabei fließen, werden von Tränen der Trauer zu Tränen der Freude werden.

In einem nächsten Schritt wirst du in der Lage sein, vom Handspiegel zum großen Spiegel in deinem Schlafzimmer zu wechseln, der nicht nur dazu da ist, um dich in deinen schönen Kleidern zu bewundern, sondern um dir selbst zu begegnen und deinen ganzen Körper über längere Zeit anzuschauen, und zwar nackt, ohne alles Äußere, mit dem du ihn gern bedeckst und verbirgst. Schau ihn nicht nur an, sondern nimm ihn in deine Hände und verwöhne ihn mit dem besten Öl, das du finden kannst. Du hast diesen Körper vermutlich wie die meisten Frauen abgelehnt und verurteilt, aber er trägt nur die Spuren deines inneren Umgangs mit dir. Er sehnt sich nach deiner Liebe, nach deiner persönlichen Ansprache und er wird es dir danken, egal wie er heute aussieht und wie weit er vom Ideal der Frauen- und Modezeitschriften abweicht.

Die »normale« Frau bleibt in der Verurteilung ihres Körpers und ihres Frau-Seins stecken, die glückliche Frau dankt ihm, segnet und ehrt ihn und beginnt eine Liebesbeziehung zu ihm und zu der Frau ihres Innern. Begegne dieser inneren Frau in einer Meditation mit dem Titel »Der Mann und die Frau in dir«. Auch die Meditation »Heilen können wir uns nur selbst – Wie Frauen ihren Körper heilen und lieben lernen« (gesprochen von Beatrix Rehrmann) führt dich zu einer neuen Begegnung mit dir und zu einem Verhältnis der Liebe zu dir selbst.

Erinnere dich daran, wie du dich als kleines Mädchen, vor dem großen Spiegel deiner Mutter, in Tücher oder Kleider gehüllt, gedreht und bewundert hast. **Dieses sich selbst Bewundern und dieses Drehen vor Freude über das eigene Sein ist die Grundbewegung der Frau, die sich selbst liebt und sich und ihr Inneres als etwas ganz Besonderes wertschätzt, ohne sich mit anderen Frauen zu vergleichen.** Sie schaut nicht zuerst, ob andere, vor allem die Männer, sie bewundern, sondern schaut nach innen, auf sich selbst. Das Vergleichen mit anderen Frauen und der Schwur, anders sein zu wollen als die Mutter, hat die Frau mehr in den Schmerz geführt als die Wut oder Enttäuschung über den Vater der Kindheit und die Männer ihres Lebens. Letzte waren nur Auslöser und erinnerten sie an den eigenen, sich selbst zugefügten Schmerz.

Die neue Frau findet zurück zur Wertschätzung, Liebe und Bewunderung sich selbst gegenüber, zu ihren unvergleichlichen weiblichen Fähigkeiten und Schätzen und kommt ganz bei sich selbst an und der Mann kann nur ankommen bei der Frau, die bei sich selbst angekommen ist. Das ist auch der Grund dafür, dass zunächst die Frauen aufbrechen und sich bewegen mussten, damit Frauen und Männer sich jetzt wieder auf eine neue, würdigende Weise begegnen, bei der jeder dem anderen den eigenen Weg zugesteht und in seiner Selbstzentriertheit bleibt.

Die neue Frau wird auch in ihren Schwestern wieder die unvergleichlichen weiblichen Qualitäten und Schönheiten erkennen und wertschätzen und aus dem Schmerzwettbewerb und dem Getratsche und Gezicke untereinander aussteigen. Sie wird ihre (noch) leidenden

Schwestern ebenso wenig wie ein leidendes Tier benutzen, um sich von ihrem eigenen Schmerz abzulenken, sondern erkennen: Alles, was mich berührt, negativ oder positiv, ist ein Teil meines eigenen Innern und wartet darauf, von mir selbst erkannt, wahrgenommen und angenommen zu werden.

Die Frau wird nicht zur glücklichen Frau, wenn sie wie ein Terrier um ihren Platz kämpft oder versucht, dreimal so gut zu sein wie der Mann. Mit Männern zu konkurrieren, führt die Frau weg von sich selbst. Die neue Frau wird das Bewusstsein ihrer Weiblichkeit bis zum höchsten Bürostuhl durchbringen und ruhig dasitzen können in ihrem Strahlen und in dem Bewusstsein, dass sie Erfolg nicht erschaffen muss, sondern dass die natürliche Folge ihrer kraftvoll-weiblichen Ausstrahlung Erfolg, Erfüllung und Wertschätzung anzieht, so wie das Licht all das anzieht, was sich nach dem Licht sehnt. Und der Mann kann nicht anders, als die Frau nicht nur zu akzeptieren, sondern auch zu bewundern, die ganz bei sich angekommen ist und in sich ruht.
Frau, erkenne, dass die Quelle deines Lichtes, deiner Ausstrahlung in dir selbst liegt, in deinem liebenden, wissenden und sich für alles öffnenden Herzen. Die Liebe des Herzens ist der tiefste und größte Schatz des Weiblichen in jeder Frau, den nicht der Mann heben kann, sondern nur die Frau selbst, im innigsten Kontakt mit sich selbst und mit ihren Schwestern, den Frauen. Denn die Frau steht für die Liebe, während der Mann das Licht repräsentiert, mit dem er die Frau anstrahlt und bewundert, die sich selbst bewundert.

Frau, nimm den Großteil deiner Aufmerksamkeit weg vom Mann und schenke sie dir selbst. Hol dir nicht vom Mann die Bestätigung deiner Attraktivität, sondern finde sie in dir selbst. Kümmere dich vor allem um deine eigenen Angelegenheiten (mit denen du genug zu tun hast) und traue den anderen (besonders deinen Kindern, deinem Mann, deinen Eltern) zu, dass sie die Verantwortung für die ihrigen übernehmen. Erkenne deinen eigenen Anteil am erlittenen Leid und steig endlich aus der unseligen Opferrolle aus, mit der Frauen die Leiden der Vergangenheit immer wieder reproduzieren, weil das Opfer den Täter braucht.

Ja, sehr viele Männer haben Frauen und Mädchen als Väter, Brüder, Ehemänner und Vorgesetzte missbraucht, geschlagen und unterdrückt. Aber das Leid der Frau wird sich nicht dadurch ändern, dass sie den Mann und die Männer verurteilt, verachtet, benutzt oder als Idioten betrachtet, wie es in den letzten Jahrzehnten bei unzähligen Frauen zur Gewohnheit wurde. Denn alle Männer, die beim Gericht der Frauen auf der Anklagebank sitzen, wurden von Müttern erzogen und von ihnen für ihre eigenen Bedürfnisse missbraucht, weniger körperlich, sondern psychisch. Darum sind heute so viele Männer noch nicht zum Mann geworden, weil sie innerlich mit ihrer Mutter aufs Höchste verstrickt sind.

Wenn du, Frau, mit deinem Mann oder deinen Männern immer wieder in Schwierigkeiten gerätst oder angeblich nicht den richtigen findest, dann schau dir dein Verhältnis zum Vater der Kindheit an. Das gilt umgekehrt genauso für die Männer und ihre Beziehung zur

Mutter der Kindheit. Denn du hast immer den zu dir passenden Partner angezogen, obwohl dein Kopf ihn ablehnt und er deine Knöpfe schmerzhaft drückt. Die Frau, die sich aus den Verstrickungen mit ihrem Vater systematisch und liebend löst (egal ob er abwesend, jähzornig, schwach war oder sie seine kleine Prinzessin), verwandelt ihre Beziehung zu den Männern und zieht den an, der ihr auf Augenhöhe würdigend und wertschätzend begegnet.

Die neue Frau wird nicht mehr deshalb zufrieden und glücklich sein, weil sie einen tollen Mann hat, sondern weil sie sich selbst toll findet und der Beziehung zu sich selbst Priorität einräumt und sich selbst genügend Zeit widmet. Sie wird auch in einer Ehe ihren eigenen Weg gehen, so wie der Mann den seinen geht. Ihre Wege werden sich kreuzen und sie werden sich immer wieder neu begegnen, weil die Frau auf weibliche und der Mann auf männliche Weise das Leben lebt und erlebt und sie beständig an ihren Erfahrungen wachsen. Und diese Begegnungen werden zu ihrem gemeinsamen dritten Weg werden.

Die neue Frau wird sich nicht deshalb frei fühlen, weil sie ihr eigenes Geld verdient, sondern weil sie aus der Liebe und dem Respekt zu sich selbst heraus weiß, dass auch sie frei ist, immer auf ihr Herz zu hören und nach seiner Stimme zu handeln. Aus diesem Rückhalt ihrer Selbstliebe heraus hat sie keine Angst vor dem Lieben und der Hingabe an die Liebe, hinter der viele Frauen heute noch die Ohnmacht, Aufgabe und Verletzung fürchten, die Generationen von Frauen erlebten.

Lebe dein Leben als Original anstatt als Kopie

Vielleicht hast du, liebe Leserin, lieber Leser, dich schon vor dem Kauf dieses Buches entschieden, nicht das »normale« Leben führen zu wollen, das Millionen Menschen bisher noch leben. Dieses Buch will dich motivieren, diese Entscheidung zu treffen oder zu bekräftigen, um sie dann beherzt umzusetzen in ein wahrhaft gelebtes, erfülltes und glückliches Leben. Diese Schritte in ein Leben völlig neuer Qualität unternehmen derzeit immer mehr Menschen und nicht nur ein paar »Exoten«. Es sind Menschen aller Altersgruppen, mit ganz »normalen« Berufen und aus unterschiedlichem sozialen Umfeld, die jetzt den Mut haben, etwas ganz Besonderes aus ihrem Leben zu machen und ihren Anspruch auf Glück zu erheben und einzulösen – ohne jedoch die Erfüllung dieses Anspruches von jemandem im Außen zu fordern. Denn sie begreifen mehr und mehr, dass alles in uns ist, was wir zu diesem glücklichen Leben benötigen.

Es sind Menschen, die nach zwanzig oder mehr Jahren aus einem »sicheren« Beruf mit Pensionsanspruch aussteigen, weil ihre innere Stimme ihnen sagt, dass dieser Weg jetzt zu Ende geht und nicht mehr für sie stimmt. Viele ihrer Mitmenschen nehmen das oft kopfschüttelnd mit einem »Wie kann man nur …?« zur

Kenntnis und verstehen sie (noch) nicht. Andere verlassen nach zwanzig oder mehr Jahren ihren Ehepartner, weil sie spüren, dass es nicht der Sinn ihres Lebens sein kann, die Zeit bis zum Ende miteinander auszuhalten, und dass das Leben sie noch zu anderen Ufern und Erfahrungen ruft. Viele Menschen spüren jetzt den Drang, ihren Wohnort oder ihre Wohnung zu wechseln, weil der bisherige Rahmen zu eingefahren oder nicht mehr passend ist für das Neue, das sich jetzt in ihrem Leben anmeldet.

Das Gegenstück zum Normalmenschen ist nicht der Aussteiger, der frustriert oder rebellisch den anderen und dem Leben den Rücken kehrt, sondern es ist der wahre Einsteiger, der begreift, welche Fülle, Schönheit und Erfüllung es mit sich bringt, dem Ruf des eigenen Herzens zu folgen und ihm treu zu sein. Denn der Fluss des Lebens bleibt nicht stehen und fließt nicht rückwärts, sondern lädt ständig ein und ist immer wieder neu und frisch. Und so nimmt der innerlich wache Mensch diese Einladung an und öffnet sich für größere Räume, in die ihn das Leben schicken möchte, für mehr Intensität, für wahre Freude und Erfüllung in der Beziehung zu sich selbst, zum Partner und im Beruf, für tiefe Sinnerfülltheit bei allem, was er tut, für ein Leben der Wahrhaftigkeit und Authentizität.

Der das Leben bejahende Mensch begreift, dass das Leben ein kostbarer Schatz ist, der täglich erfahren und genossen werden will. Jeden Morgen ruft dir dieses Leben zu: »Guten Morgen, hier bin ich. Jetzt mach was aus mir!« Es bietet uns eine Unmenge von Jetzt-

Momenten und Augenblicken, in denen das Leben stattfindet, und es fragt dich: »Bist du da in mir? Bist du jetzt wirklich da? Lebst du in meiner Gegenwart?« **Die Geschenke des Lebens empfangen wir nicht nur am Wochenende oder im Urlaub, sondern in jedem bewussten und bejahten Augenblick. In diesem Präsens, der Gegenwart, empfangen wir die Präsente, die Geschenke des Lebens.**

Wer nicht da ist, wer das Leben des Normalmenschen schlafend lebt, der geht leer aus. Wer nur im Außen aktiv ist, ohne bei sich selbst in seinem Innern angekommen zu sein, der geht leer aus. Wer sich für andere aufopfert, anstatt sich selbst zu lieben und zu beschenken, der geht leer aus. Und auch der, der versucht, mit spirituellem Ehrgeiz der Erleuchtung oder dem Erwachen entgegenzumeditieren, der geht genauso leer aus und wird eines Tages frustriert feststellen, dass seine ungeklärte, unfriedliche Vergangenheit ihn eingeholt hat.

Du kamst in diese Welt mit einem Plan deiner Seele, den dein Kopf nicht kennt. Es wäre sogar hinderlich, zu früh von diesem Plan zu wissen, denn dein Bewusstsein wäre zu klein, seine Größe zu erfassen, und der Weg durch die dunklen Phasen deines Weges gehört zum Plan. Erst der Schritt für Schritt gegangene Weg durch deine Erfahrungen, aus dem Dunkel der Unbewusstheit und des trennenden, verurteilenden Denkens hinaus in die Klarheit und das Erkennen und Lieben deines wahren Schatzes, des Schatzes, der du bist, lichtet nach und nach den Nebel und du beginnst zu ahnen: »Was ich bisher glaubte zu sein, hat nichts mit der Wirklichkeit zu tun.« Es war nur die Fiktion eines kleinen, beschämten, sich selbst verurteilenden Wesens, das glaubte, schlecht und fehlerhaft zu sein und kein besseres Leben verdient zu haben. Vielleicht erinnerst du dich noch an den empörten Ausruf deiner Mutter oder deines Vaters in der Kindheit »Was glaubst du eigentlich, wer du bist?!!« Das war eine gute Frage, aber die unausgesprochene Antwort lautete damals: »Du bist noch ein Nichts. Bilde dir ja nichts ein. Nimm dich zurück!« Heute darfst du dir diese Frage selbst stellen und die eine wahre Antwort darauf finden. »Wer bin ich wirklich?«

Du bist – aus meiner Sicht – von Haus aus ein großes, herrliches, schönes, wunderbares Wesen voller Licht und Liebe, wie du es dir in deinen kühnsten Träumen nicht vorstellen kannst. In das Bewusstsein dieses göttlichen, ewigen und heiligen Wesens wachsen und erinnern wir uns wieder hinein, sobald wir in Annahme, Freude und Demut der Stimme unseres Herzens folgen und immer wieder bereit sind zu »Aufbruch und Reise« in unseren Leben.

Du bist unverwechselbar und einzigartig, ein Unikat unter acht Milliarden inkarnierten Seelen, ein unschätzbar wertvoller Diamant. Du bist ein echtes Original. Du bist keine Kopie deiner Mutter oder deines Vaters. Aber der Drang, dich anzupassen und nicht aufzufallen und anzuecken, die Sucht nach der Bestätigung der anderen und die Angst vor ihrer Kritik und Ausgrenzung hat dich in ein Leben als Kopie geführt.

Prüfe jetzt, was nicht mehr stimmt in deinem Leben. Wo läuft es nicht rund? Wo fließt die Energie nicht, was ist nicht in einem guten Fluss, seien es deine Gefühle, deine Freude, deine Liebe, dein Geld, dein Blut, dein Atem oder die Säfte deines Körpers in der Sexualität. Wo stockt es, wo fühlt es sich blockiert an, wo geht es nicht weiter? Die Ursachen hierfür findest du immer auf der Ebene deines Geistes, der auf unbewusste Weise erschuf und Entscheidungen traf, die gegen den Fluss des Lebens und der Liebe gerichtet waren. Übernimm jetzt deine Verantwortung für diese Schöpfungen und leite liebevoll und sanft einen Kurswechsel ein und triff eine neue Wahl.

In diesem Buch hast du eine kompakte Anleitung erhalten, aus deinem alten Leben und seinen »alten Schuhen« auszusteigen und ihm eine völlig neue Richtung zu geben. Mit dem Lesen des Buches allein wird sich dieses neue Leben jedoch noch nicht automatisch einstellen. Ich empfehle dir sehr, dir jetzt neben deinen Aktivitäten im Außen Zeit für den inneren Weg einzuräumen und zu schenken und die in den Kapiteln genannten Meditationen systematisch und mit Geduld durchzuführen. Du wirst bei allen diesen Meditationen merken, wie kraftvoll sie dich bewegen, über die Klärung allen Unfriedens und aller Unbewusstheit hinaus in die ganze Freude eines bewussten Menschen, der jeden Augenblick seines Lebens, jede Begegnung, jede Erfahrung zu schätzen weiß und mit offenem Herzen, offenen Augen und offenen Armen durch diese Welt geht und in seinem Nächsten den Bruder, die Schwester erkennt, wertschätzt und liebt.

Es lebe deine Liebe zu dir selbst, zu allen Menschen, zu Mutter Erde und Vater-Mutter-Gott. Ich wünsche dir reichsten Segen, größte Freude und tiefste Erfüllung auf diesem aufregend schönen Weg, bei allem, was du tust und was du bist.

Namaste – mein Göttliches grüßt dein Göttliches!

Nachwort

Liebe Leserin, lieber Leser,

dieses Buch ist einfach und verständlich geschrieben – und für jeden Mann und für jede Frau. Vielleicht glaubst du immer noch, dass das Leben kompliziert sei, und dein Verstand versucht dir weiterhin einzureden, dass es so einfach doch wirklich nicht sein kann. Es ist das letzte Argument, mit welchem dieser sich dagegen wehrt, sich neuen Gedanken zu öffnen. Ich versichere dir: Das Leben ist komplex, aber nicht kompliziert, es ist einfach. Es ist einfach zu verstehen und einfach zu ändern. Nur wir haben es kompliziert und es uns selbst schwer gemacht – über viele, viele Generationen und Inkarnationen hinweg. Wenn du weiter zu den Stirnrunzlern und Zweiflern gehören willst, ist das deine Entscheidung. Aber spüre, wie du dich selbst mit dieser Haltung verletzt. Jeder Mensch sehnt sich nach der Liebe zu sich selbst, zu allen Menschen und zum Leben. Dieser Liebe steht nichts anderes im Weg als dein altes Denken, deine gewohnten Verurteilungen und deine ungeliebten, verdrängten Emotionen.

Wenn dir das Lesen meines Buches schöne Stunden und kraftvolle Impulse beschert hat, freue ich mich darüber. Wenn du das Buch bis hierher Seite für Seite gelesen hast, danke ich dir für die Zeit und Aufmerksamkeit, die du ihm geschenkt hast. In Wirklichkeit ist dies ein Geschenk an dich selbst. Wenn du aber das größte Geschenk, das dieses Taschenbuch für dich bereit hält, in seinem ganzen Umfang in Empfang nehmen willst, dann gehe jetzt vom Lesen zum Leben und Umsetzen der Inhalte über. Wenn du das Buch auf eine männliche Art gelesen hast, zum Beispiel innerhalb weniger Tage, dann lies es jetzt nochmals auf eine weibliche Art, ruhig und in kleinen Portionen, damit das Gelesene in dir arbeiten und atmen kann, wie ein offener Rotwein.

Der zweite und dritte Teil enthält eine Fülle von Hinweisen auf praktische Schritte, die du jetzt unternehmen und in dein Leben integrieren kannst. Die größten und segensreichsten Veränderungen in deinem Leben wirst du nach wenigen Wochen oder Monaten feststellen, wenn du die von mir empfohlenen Meditationen regelmäßig durchführst, denn das Leben entwickelt sich von innen nach außen. Aus einem veränderten Bewusstsein entsteht ein neues Sein, eine völlig neu erfahrene Lebenswirklichkeit. Du hast damit jetzt alle Mittel in der Hand, aus deinem Leben ein herrliches Kunstwerk zu machen. Glaube nicht, du müsstest dazu erst noch viele Bücher lesen oder viele Seminare besuchen.

Mach dir hierbei keinerlei Druck, sondern geh gelassen und vertrauensvoll einen Schritt nach dem anderen. Druck oder Ehrgeiz machen den Weg schwer.

Geh einfache, klare Schritte, an jedem Tag einen. Und wenn du auf ein Thema stößt, bei dem du Unterstützung zur Klärung benötigst, dann kontaktiere einen der von mir ausgebildeten Therapeuten der Transformations-Therapie. Du findest ihre Kontaktdaten auf meiner Website unter »Empfohlene Therapeuten«. Oft reicht eine Sitzung – sogar eine telefonische ist gleich wirksam.

Sei gewiss: Die Energien dieser Zeit unterstützen jeden kraftvoll, der bereit ist, sein Lebensheft liebend und tatkräftig selbst in die eigenen Hände zu nehmen, seine Vergangenheit liebevoll zu klären und mit offenem, liebenden Herzen sich selbst zu begegnen und mit Vertrauen durch diese Jahre zu gehen. Sie werden für diesen Menschen zu den leichtesten, aufregendsten und schönsten werden. Wer aber mit verschlossenem Herzen und einem stillen NEIN zum Mensch-Sein und zu diesem Leben auf Mutter Erde geht und nicht bereit ist, sich selbst und seinen Mitmenschen den bisherigen, oft schmerzhaften und anstrengenden Weg zu verzeihen, der wird mit seinem Gram, seinem Groll und seiner Bitterkeit und seinen Verurteilungen weiterhin Leid erzeugen. Die negativen Folgen solch sturen Verharrens in alten Denk-, Gefühls- und Verhaltensmustern sind in diesen Jahren der Transformation weit massiver spürbar als früher.

Darum wünsche dir von ganzem Herzen, dass du jetzt dein Herz öffnest für die Liebe und das Lieben, wonach sich jeder tief in seinem Innern sehnt. Denn wir sind Kinder der Liebe, wurden aus der Liebe des Göttlichen geboren und diese Liebe kann uns niemals verlassen. Jeder von uns findet seinen Weg dorthin zurück. Ob dieser Weg auch in Zukunft schmerzvoll oder voller Umwege sein wird oder leicht und sanft, das ist jetzt deine Wahl. Triff sie jetzt und beweise dir selbst liebevoll im Alltag, dass du dich und deine Entscheidung für ein neues Leben in diesem Leben ernst nimmst.

Aber vergiss bei allem nicht das Einfache und das Leichte auf deinem Weg: den Tanz, das Lachen, die kleinen und großen Genüsse des Lebens, das Lächeln, das du dir selbst und anderen schenkst, die Umarmung, das freundliche Wort und viele bewusst erlebte Pausen zwischen allem Tun. Schenk dir jeden Tag viele Genüsse, vom bewussten Einatmen der Morgenluft bis zum Spaziergang am Abend und dem Einkuscheln zur Nacht, mit dir allein oder mit einem geliebten Menschen.

Wenn du mir von den Veränderungen berichten magst, die du durch dieses Buch in dein Leben gezogen hast, freue ich mich auf eine E-Mail von dir oder einen Eintrag in mein Gästebuch unter *www.robert-betz.de*

Über mich

Manche Menschen stellen mir die Frage, ob ich denn selbst jetzt ein glücklicher Mensch sei. Die Teilnehmer meiner Seminare oder Vorträge fragen mich das in der Regel nicht, denn sie sehen und spüren es. Ja, ich bin sehr glücklich. Aber das war beileibe nicht immer der Fall.

Glücklich zu sein bedeutet nicht, dass man keine sogenannten unangenehmen Gefühle mehr fühlt und nur noch »auf Wolke Sieben« schwebt. Der glückliche Mensch darf auch mal traurig sein, aber er leidet nicht an der Trauer, und auch Angst oder Ärger dürfen hochkommen, aber er nimmt sie liebend an und verwandelt sie in Freude.

Ich habe mich die längste Zeit meines bisherigen Lebens selbst verurteilt und Angst, Scham, Schuld und Minderwertigkeit in mir erzeugt. Ich habe mich mit meiner schwachen und leidenden Mutter verstrickt und war lange Zeit als Frauenretter und -kümmerer aktiv. Ich habe meinen Vater verurteilt, der mit seinem vor Angst verschlossenen Herzen nicht herzlich sein konnte, und habe die Anerkennung von Ersatzvätern in Vorgesetzten gesucht. Ich habe versucht, mir durch Leistung Anerkennung zu verdienen, bis nächtliche Panikattacken mich in die Ohnmacht und das Aufgeben dieses Weges zwangen. 1994, am Tiefpunkt meiner persönlichen Krise, hatte ich den sehnlichsten Wunsch, aus diesem Leben auszusteigen und mein Auto an einen Baum zu setzen. Ich danke heute meinen Engeln und Begleitern, dass sie das nicht zuließen.

Vor fünfzehn Jahren hatte ich keinen blassen Schimmer, was für ein wunderbarer Weg auf mich wartet. Ich bin Schritt für Schritt gegangen, habe angefangen, mich um mich selbst zu kümmern, habe Frieden gemacht mit meiner Vergangenheit und begonnen, in kleinem Rahmen Vorträge darüber zu halten, was ich vom Leben begriffen hatte – damals kamen oft nur zehn bis dreißig Zuhörer. Ich habe es gemacht, weil es mir Freude bereitete. Das war und ist mein Grundmotiv bis heute für alles, was ich tue. Zuallererst mache ich mir selbst damit ein Geschenk und bringe mein Herz zum Singen mit Vorträgen, Seminaren, Bücher schreiben, mit dem Aufnehmen von CDs und im Besonderen mit der Ausbildung von Menschen zu Therapeuten und Wegbegleitern in der *Transformations-Therapie®*, die ich selbst entwickelt habe. Das Leben hat mich über die Stimme meines Herzens auf diesen Weg geführt und ich danke ihm jeden Tag dafür.

Ich danke allen Besuchern meiner Vorträge, den Teilnehmern meiner Seminare, den Hörern meiner CDs und den Lesern meiner Bücher für ihr Vertrauen, sich einzulassen und zu öffnen. Ich lehre heute mit Freude das, was ich lernen will. Und ich weiß: Es liegt noch ein schöner Weg vor mir, auf dem ich sehr vielen Menschen begegnen werde, so vielleicht auch dir, der du diese Zeilen liest. Und genauso liegt vor dir ein schöner Weg, egal wie alt du bist, wenn du der Stimme deines Herzens folgst.

Herzlichen Dank

Nach gut zehn Jahren auf meinem Weg als Lehrer möchte ich heute herzlich all denen danken, ohne die sich dieser Weg nicht so eröffnet hätte. Es sind Menschen, die begriffen haben, dass wir in der Gemeinschaft einen wesentlich größeren Beitrag für ein neues Leben hier auf Mutter Erde leisten können als allein. Gemeinsam führen wir die große und segensreiche Veränderung in Richtung Frieden, Freude und eines liebevollen Zusammenseins unter uns Menschen herbei, die sich jetzt abzeichnet.

Allen voran danke ich **Cornelia Hempfling** und **Anna Ulrich** für ihren unglaublichen Einsatz und ihre Liebe, die sie in die gemeinsame Arbeit einbringen, sowie allen Mitarbeitern/innen unserer Büros in München und Aachen und den freien Mitarbeitern, die mit uns gehen. Sehr dankbar bin ich auch allen Therapeuten, die meine Seminare absolviert haben, und von denen mich viele als therapeutische Assistenten mit großer Hingabe und Liebe zu den Menschen unterstützen. Mein besonderer Dank gilt **Monika Gschwind, Uwe und Rita Martin sowie Beatrix Rehrmann**, der Frau und dem Engel an meiner Seite, für ihre Liebe, mit der sie den Menschen dienen und mich begleiten. Sie alle sind inzwischen selbst zu erfolgreichen Lehrern und Seminarleitern geworden.

Weiter danke ich von Herzen allen Seminarleitern und Therapeuten, die mich seit Jahren begleiten und von denen die meisten auf der Insel Lesbos und in Deutschland Seminare anbieten. Hierzu gehören unter anderem **René Tomme, Andrea Schirnack, Hannah Iversen, Bruno Brys und Bruder Siegfried aus Bottrop.**

Und ich danke all denen, die meine Arbeit weiterempfehlen, meine Broschüren auslegen und meine CDs kopieren und verschenken (was ich ausdrücklich empfehle), damit viele Menschen ihren Weg finden aus dem Leben des Normalmenschen hinaus in ein wahrhaft glückliches Leben.

Nicht zuletzt danke ich all denen, die mich aus dem Unsichtbaren heraus, aber umso wirkungsvoller unterstützen, **den Engeln und Erzengeln, besonders den Engeln der Freude, und meinen Lehrern im Geiste,** allen voran **meinem Bruder Philippo** und **dem Propheten Elias,** der mir nahesteht und dem dieses Buch gewidmet ist.

Danke euch allen für euer Vorbild, für euer Dienen, eure Hingabe und eure Freude bei dem, was ihr tut und seid. Und täglich danke ich dem Größten, der uns das Wichtigste geschenkt hat, das Leben und die Liebe, die im Herzen jedes Menschen lebt, selbst wenn dieser sie vergessen hat, dir, **Vater-Mutter-Gott.** Mögen sich alle Menschen wieder daran erinnern, dass du in uns allen lebst, uns nährst, trägst, inspirierst und liebst und uns wieder zurück auf den Weg zu dir führst. Und ich weiß, jeder von uns wird zu dir zurückfinden, nur sind die Wege manchmal kürzer und manchmal länger.

Bücher von Robert Betz

Willkommen im Reich der Fülle
Wie du Erfolg, Wohlstand und Lebensglück
erschaffst
203 S., gebunden, KOHA 2007
(auch in Italienisch und Polnisch lieferbar über:
www.robert-betz.de)

Raus aus den alten Schuhen!
Dem Leben eine neue Richtung geben
272 S., gebunden, Integral 2008
(auch in Russisch und Ungarisch lieferbar über:
www.robert-betz.de)

Wahre Liebe lässt frei!
Wie Frau und Mann zu sich selbst und zueinander
finden
352 S., gebunden, Integral 2009

Der kleine Führer zum Erfolg
Schlüsselgedanken für ein erfolgreiches Leben
105 S., gebunden, Roberto & Philippo 2008

Zersägt eure Doppelbetten!
Die »Geistige Welt« zu Liebe, Partnerschaft und
Sexualität
416 S., gebunden, Ansata 2010

So wird der Mann ein Mann!
Wie Männer wieder Freude am Mann-Sein finden
288 S., gebunden, Integral 2010

Hörbücher von Robert Betz

So wird der Mann ein Mann!
Wie Männer wieder Freude am Mann-Sein finden
6 CDs, Gesamtlänge: 380 Min.
Verlag Roberto & Philippo

Wahre Liebe lässt frei!
Wie Frau und Mann zu sich selbst und zueinander
finden
8 CDs, Gesamtlänge: 540 Min.
Verlag Roberto & Philippo

Raus aus den alten Schuhen!
Dem Leben eine neue Richtung geben
6 CDs, Gesamtlänge: 400 Min.
Verlag Roberto & Philippo

Willkommen im Reich der Fülle
Schlüsselgedanken zur Selbsterforschung
CD, Länge: 58 Min.
KOHA

Vorträge von Robert Betz auf CD

Beziehung & Partnerschaft:

Zersägt eure Doppelbetten ... und macht Rollen darunter!
Wie die Liebe selbst die Frau-Mann-Beziehung jetzt aufmischt

Wie Frauen und Männer zu sich selbst und zueinander finden

Wer liebt, der leidet nicht!
Warum Liebespartner sich das Leben oft so schwer machen

Gemeinsam statt einsam
Wie sich Singles und Paare aus der Isolation befreien

Sex mit Herz
Die Lust am Körperlichen in Liebe feiern lernen

Männer – das schwache Geschlecht?!
Warum Frauen an Männern (fast) verzweifeln

Frauen – das starke Geschlecht?!
Warum Männer Frauen kaum verstehen

Warum Partner fremdgehen
Über Untreue, Eifersucht, Sex und Liebe

Wahre Liebe lässt frei!
Worin sich Partner chronisch täuschen und dann
enttäuscht werden

Selbstliebe & Lebensfeier:

Lust auf Liebe – Lust auf Lust!
Aufruf zu einem lust- und liebevollen Leben

Mich selbst lieben lernen
Selbstwertschätzung und Selbstliebe als Grundlage
glücklichen Lebens

Lebe dein Leben – sei du selbst!
Vom Lamm zur Löwennatur erwachen

Willst du normal sein oder glücklich?
Mut schöpfen für deinen ganz eigenen Weg

Leben statt gelebt werden
Warum das wirkliche Leben ab ca. 50 beginnt

**Kümmer dich endlich um das Wesentliche –
um dich selbst!**

Mach endlich was aus deinem Leben!
Wie finde ich Sinn und Erfüllung in meinem Leben

Sei nicht gut – sei wahrhaftig!
Einladung zu einem Leben der Wahrhaftigkeit

Konflikte & Krisen bewältigen:

Mein Leben meistern in unsicherer Zeit
Gedanken zu einer neuen Lebensführung

Was stützt dich von innen, wenn alles andere wegbricht?
Innere Stabilität in Zeiten äußerer Umbrüche

Das Ende aller Probleme!
Einführung und praktische Anleitung zu
»The Work« nach Byron Katie

Warum hast du's nicht leicht?
Entdecke die Wahrheit und du bist frei

Erkenne dich in den Spiegeln deines Lebens!
Die Spiegelgesetze verstehen und anwenden lernen

Echte Freiheit kommt immer von innen
Wie wir uns selbst einsperren und auch befreien
können

Das Leben neu gestalten:

Jetzt kommt der neue Mann!
Warum sich auch Männer jetzt bewegen werden

2012 – Die Veränderung ist bereits in vollem Gange
Warum und wie sich Menschen, Firmen &
Beziehungen ändern müssen und werden

Zeitenwende 2010–2012
Aus der Krise in das neue Zeitalter der Liebe

Bring Ordnung in dein Leben
Denn Ordnung ist das erste Gesetz des Himmels

Lass dich tragen vom Fluss des Lebens
Eine Anleitung zu einem Leben in Leichtigkeit

Mit Entschiedenheit in ein neues Jahr
Wie du mit bewussten Entscheidungen dein
Lebensglück erschaffst

Ein neues Jahr voller Möglichkeiten
Wie meine Träume wahr werden

Raus aus den alten Schuhen!
Wie du ein neues Leben erschaffst (Doppel-CD)

Was bringt dein Herz zum Singen?
Ein Kurzlehrgang im Erschaffen von Freude

Erfolg & Fülle:

Tu das, was du zu tun liebst!
Vom Sinn der Arbeit und vom Unsinn der Freizeit

Willkommen Fülle!
Die Schlüssel zu Erfolg, Wohlstand und Lebensglück
(Doppel-CD)

Pinke, Kohle, Mäuse ...
Der Weg vom Mangel zur Fülle

Das Herz führt immer zum Erfolg
Wie du Erfolg, Wohlstand und Glück in dein Leben
ziehst

Das Ende der Konkurrenz
Von Ich-AG und Ego-Wahn zu einem neuen
Gemeinschaftsbewusstsein

»Ich muss es schaffen!«
Über Leistungsdruck, Erfolg und Lebenserfüllung

Gesellschaft – Wirtschaft – Erde – Zukunft:

Wir sind Deutschland!
Es liegt an uns, was draus wird (Doppel-CD)

Spiritualität & Gott:

Umarme das Böse in dir!
Die Trennung in »gut« und »böse« und was die
Liebe dazu sagt

Wo komm ich her, wo geh ich hin, was soll ich hier?
Über Lebenssinn, Schicksal und Reinkarnation

**Warum »Spirituelle« später in den Himmel
kommen**
Über Liebe, Spiritualität und den Weg nach Hause

Ach, du lieber Gott!
Vom Gott jenseits der Kirchen und Kanzeln

Umgang mit Gefühlen:

Mensch, ärgere dich nicht!
Vom Segen der Menschen, die unsere Knöpfe
drücken

Angst, Wut, Schmerz u. a. in Freude verwandeln
Vom Umgang mit unangenehmen Gefühlen

Die Zeit heilt keine Wunden
Verletzungen verstehen und überwinden

Muss ich mir das bieten lassen?
Vom Umgang mit meinen »Arsch-Engeln«

»Fürchtet euch nicht ...«
Woher Ängste kommen und wie wir sie überwinden
(Doppel-CD)

Vergangenheit & Familie:

Ohne deine Vergangenheit bist du sofort frei
Wie wir das Gestern loslassen können

Kinder! Kinder!
Wonach sich Kinderseelen sehnen

Die Mutter deiner Kindheit – die größte Tür zu deiner Freiheit!

Der Vater deiner Kindheit – die Tür zu deiner Freiheit!

Körper & Gesundheit:

**Glücklich in einem gesunden Körper –
ein Leben lang**
Deinen Körper ehren, heilen, lieben und genießen

Was will mir mein Körper sagen?
Krankheiten und Körpersymptome als Botschaften
der Seele verstehen

Pfundig! Pfundig!
Leicht und schlank – nur über die Seele

Meditationen von Robert Betz
auf CD

Meditationen für den Alltag
Zwei geführte Meditationen für Herzöffnung und
spirituelles Wachstum

Negative Gefühle in Freude verwandeln
Geführte Meditation zur Befreiung von Angst, Wut,
Scham & Co.

Der Vater meiner Kindheit
Eine Begegnung mit ihm für Klarheit, Frieden und
Freiheit

Die Mutter meiner Kindheit
Eine Begegnung mit ihr für Klarheit, Frieden und
Freiheit

Eltern helfen ihrem Kind
Geführte Meditation zur Heilung deines Kindes und
der Eltern-Kind-Beziehung

Mir selbst vergeben, mich selbst annehmen
Begegnung mit mir selbst in meinem inneren Raum

Mich von alten Begrenzungen befreien
Zwei geführte Meditationen zur Reinigung von
Emotionen und zur Auflösung alter Schwüre

Meditationen und Gebete am Morgen
Anleitungen für den bewussten Beginn eines neuen
Tages

Meditationen und Gebete am Abend
Anleitungen für einen bewussten Tagesabschluss

**Befreiende Begegnung mit Urvätern und
Urmüttern**
Geführte Meditation zur Heilung von Familien-
Themen und zur Kraftquelle deiner Ahnen

Meditationsreisen in Baum und Mutter Erde
Zwei geführte Meditationen der Reinigung,
Kräftigung und Heilung

Befreie und heile das Kind in dir
Geführte Meditation zur Verwandlung deines
inneren Kindes

Befreiung von Kirche und Religion
Geführte Meditation zur Lösung aus Angst, Schuld,
Scham, Sünde u. a.

**Die Beziehung zu Partner und Expartner klären und
heilen**
Geführte Meditation für glückliche Beziehungen

Chakren-Reinigung mit den Erzengeln
Geführte Meditation zur Klärung deines
Energiesystems

Nimm deinen Thron wieder ein!
Zwei geführte Meditationen in deine göttliche Größe
und Macht

»Wenn ich morgen sterben müsste ...«
Geführte Meditation und Anleitung zur
Zwischeninventur deines Lebens

Der Mann und die Frau in dir
Drei geführte Meditationen zum inneren Wesen
deines Männlichen und Weiblichen

Schluss mit Hetze, Druck und Stress
Geführte Meditation zur Entlassung deines inneren
Antreibers

Abschied nehmen von einem geliebten Menschen
Geführte Meditationen zur Bewältigung von
Verlusten geliebter Menschen

Ärger, Wut und Hass in Frieden verwandeln
Wie wir aus unangenehmen Emotionen Kraft und
Freude schöpfen können

**Zeugung, Schwangerschaft und Geburt noch einmal
bewusst erleben**
Den Beginn unseres Lebens durch Liebe verwandeln

Deinen Körper durch Liebe heilen
Wie unser Körper gesund wird und bleibt

Frieden mit meinen »Arsch-Engeln«
Verstrickte und zerstrittene Beziehungen verstehen
und verwandeln

Harmonie und Balance in mir
Eine Meditation zur Klärung, Heilung und
Integration meiner vier Körper

Meditationen für Autofahrer
Im Stau und auf dem Weg zum und vom Arbeitsplatz

Runter von den Pfunden!
Ein Meditationsprogramm für Schwergewichtige
(Doppel-CD)

Deine Großeltern und Eltern
Begegnungen für Klarheit, Frieden und Freiheit
(Doppel-CD)

Frieden mit meinem Bruder oder meiner Schwester
Eine Begegnung für Klarheit, Frieden und Freiheit

»Ich hatte keinen Vater«
Meditationen, deinen Erzeuger kennen und lieben zu
lernen

Mein Partner hat mich verlassen!
Wie wir die Wunde der Verlassenheit heilen lassen

Ich habe Angst – aber nicht mehr lange!
Meditationen für Jugendliche, um Ängste und
Leistungsdruck zu überwinden

**Befreiung von Fremdenergien und Rückholung von
Seelenanteilen**
Reinigung von Körper, Wohnung und Plätzen

**Reisen ins Herz und zur Ebene des Christus-
Bewusstseins**
Begegnungen mit deinem göttlichen Selbst

Schluss mit Schwere, Enge, Taubheit und Kälte
Unangenehme Körpersymptome und Emotionen
verwandeln lernen (Doppel-CD)

Mit meinem Krafttier in Schwung kommen!
Wie wir Schwäche, Erschöpfung und Müdigkeit
verwandeln

Meine Sexualität wieder kraftvoll erleben
Wie wir sexuelle Blockaden aus diesem und anderen
Leben verwandeln

Besuche und verwandle das kleine Mädchen in dir
Wie Frauen die Verletzungen aus ihrer Kindheit
heilen (Gesprochen von Beatrix Rehrmann)

Heilen können wir uns nur selbst
Wie Frauen ihren Körper heilen und lieben lernen
(Gesprochen von Beatrix Rehrmann)

Veranstaltungen mit Robert Betz

Live-Vorträge
in Deutschland, Österreich und der Schweiz
(ca. 70 pro Jahr)

Tagesseminare am Sonntag
(ca. 20 pro Jahr zu verschiedenen Themen)

Die Transformationswoche
7 Tage

Männer-Tage
Als Tagesseminar oder als Intensiv-Seminar über vier
Tage

**The Work nach Byron Katie – neu gestaltet durch
Robert Betz**
4 Tage

Ausbildung in Transformations-Therapie
Die Ausbildung dauert 8 Monate, beginnt im
Oktober und endet im Mai. Die erste Woche und die
beiden letzten Wochen finden auf der Insel Lesbos
statt. Zurzeit finden drei parallele Ausbildungskurse
in Deutschland mit je 50 Teilnehmern statt.

Urlaub & Seminar auf Lesbos
Auf der Insel Lesbos finden zwischen Mai und
Oktober ca. 40 verschiedene Seminare statt, die von
Robert Betz und seinem Team organisiert werden.

Zu allen Vorträgen, Seminaren, Ausbildungen und
zu den Publikationen von Robert Betz finden Sie
ausführliche Informationen auf seiner Website unter

www.robert-betz.de

Wenn Sie regelmäßig per E-Mail informiert werden
möchten, tragen Sie sich bitte auf der Website
ein oder fordern Sie die Informationsbroschüren an
unter *info@robert-betz.de*.